角田真理子

クレジットカードと消費者トラブルの法的分析

信 山 社

はしがき

　商品の購入やサービスの利用に際しての代金決済のキャッシュレス化が、進行していると言われて久しい。デビットカードや電子マネー等多様化もしているが、最も普及しているのはクレジットカードである。クレジットカードは、2億5,000枚近く発行され、消費生活において身近なものとなっているが、近年、クレジットカードに関する消費者トラブルが増加している。

　消費者トラブルにおけるクレジット問題は、悪質商法と結びついた個別クレジット（個別信用購入あっせん（以前は、個品割賦購入あっせん））取引の問題を中心に推移してきたが、クレジットカードの問題も1980年代頃から国民生活センターや消費生活センター等に消費生活相談として寄せられていた。

　1980年代に、クレジットカードに関する消費生活相談が寄せられはじめたとき、国民生活センターの相談部に在職していて、当初から担当として取り組んできた。相談担当を離れてからは、クレジットカード一般や国際クレジットカードのサービス比較情報等の啓発資料を作成するなどした。

　2004（平成16）年からは、明治学院大学法学部の消費情報環境法学科で研究者としてクレジットカード問題に関心を持ち続け、ここ数年は、毎年度、学部の公開講座（「消費生活相談フォローアップ講座」）としてクレジットカードを中心とした決済問題に取り組むなどしてきた。

　クレジットカードは、広く普及し、身近なものとなっているが、仕組みや経緯が複雑でわかりにくく、また、消費者向けのまとまった資料は特に近年ほとんどないことや消費者トラブルの実態に関して、理解不十分などによる誤解があると思われる資料などが散見され、それが立法事実等にも及んでいるのではないかと考えるようになった。

　本書は、消費者トラブルを長く担当してきた経験を踏まえ、実務と研究のひとつの集大成として、消費者トラブルの経緯を中心にクレジットカードの仕組みや歴史的経緯を踏まえて、主に消費者トラブルの法的分析を行ったものである。

　この検討が、消費者にとって安心して使える安全なクレジットカード取引の適正化の実現に、少しでも役立てれば幸いである。

2017年3月

角田真理子

目次

図表等の目次

図目次

表目次

Ⅰ．はじめに

　現代のわが国における消費生活においては、キャッシュカード[1]、クレジットカード、プリペイドカード[2]、デビットカード[3]等さまざまなカードが使われている。そのうち、商品の購入や役務（サービス）の利用の際の代金の決済方法として、最も普及し、広く使われているのは、クレジットカードである。

　一般社団法人日本クレジットカード協会（以下、「一般社団法人」は省略。）の統計[4]によれば、2015 年 12 月末時点でのクレジットカードの発行枚数は 2 億 4,040 万枚、同時点におけるクレジットカードショッピングの信用供与額は 49 兆 8,341 億円でこの 10 年間増加してきている[5]。

　政府は、「日本再興戦略－JAPAN　is BACK－」（2013 年 6 月 14 日）において、2020（平成 32）年のオリンピック・パラリンピック東京大会の開催に向けた訪日外国人の増加を見据え、キャッシュレス化の推進を重要な政策課題として位置付けている[6]。安心・安全に利用できる環境整備を行うとしているが、この中心となるのはクレジットカードである。

　クレジットカードは、消費者にとって、現金が手元になくても買い物ができたり、簡単にキャッシングやローンの利用ができたりするなど、また、近年特にインターネット取引における主要な決済手段としての利便性もあり、今や現金に次ぐ商品の購入や役務（以下、「サービス」）の利用にあたっての決済手段となっている。しかし、その反面、第三者による不正使用や悪質な加盟店によ

---

[1] 預貯金の出し入れのためのカード。
[2] 前払い式カード。
[3] 利用と同時に預貯金の口座から代金が引き落とされるカード。
[4] 日本クレジット協会『日本のクレジット統計』2015（平成 27 年）版（http://www.j-credit.or.jp/information/statistics/download/toukei_03_h_161101.pdf）
[5] 12 頁の〔図 1〕参照。統計資料の問題について、〔図 1〕の説明参照。
[6] 2014（平成 25）年 5 月の政府の情報セキュリティ政策会議が「重要インフラの情報セキュリティ対策に係る第三次行動計画」を策定したが、その中で重要インフラとしてクレジット分野が指定されている。

Ⅰ．はじめに

る被害等の危険性もある取引であり、近年、クレジットカードに関する消費者トラブルが急増[7]し、また、不正使用による被害も増加している。

　クレジットカードに関する法律問題をめぐっては、消費者保護政策の観点からは、各地消費生活センター等に寄せられた消費生活相談を中心とした消費者トラブルの実態を踏まえて、主として割賦販売法等の特別法の立法などによる対応が行われてきた。また、契約問題としては、主としてクレジットカードの不正使用をめぐって、クレジットカード会員規約の解釈の問題としての検討が行われてきた。

　割賦販売法に関しては、近年の消費者トラブルの増加や不正使用対応等の政策的ニーズ等を踏まえて、2016（平成28）年に改正され、現在施行待ちの状態である。

　クレジットカードは、広く普及している一方で、仕組み等が複雑であることなどから、利用者である消費者に十分には理解されているとはいえないように思われる[8]。また、トラブルの未然防止や救済、法的分析や政策等おいては、特にその仕組みや実態等を的確に理解して行うことが必要であると考えられるが、実態には制度とのずれがあることなどもあり、仕組みや概念が必ずしも十分には理解されていない状況がある[9]。

　本書では、主としてクレジットカードショッピングに関して、クレジットカードの基本的な仕組みや歴史的経緯等を踏まえ、クレジットカードに関する消費者被害の救済とトラブルの未然防止に資するためのクレジットカード取引における消費者トラブルの法的分析を行うものである。

---

[7] 42頁以下。
[8] 一枚のカードでも複数の機能を持っているカードもあるなど、カードの分類も難しいところもある。クレジットカードの仕組み等全般については、山本正行編著『カード決済業務のすべて－ペイメントサービスの仕組みとルール』金融財政事情研究会・2015年）など参照。
[9] 発行主体や仕組みに関して、誤解があると思われる論文や資料が見受けられる。

Ⅱ. クレジットカードの仕組みと機能

1.「クレジット」の概念と「クレジットカード」関連統計

（1）「クレジット」の概念

　クレジットカードの「クレジット」（Credit）という言葉は、「信用」を意味する。この「クレジット」という用語は、様々な使われ方をしている。広義には、「クレジット産業」などと代金の繰り延べ払いである「販売信用」と金銭の直接の借り入れである「消費者金融」をあわせた消費者信用全般を指して使われることもあるが、狭義には、個別のクレジット契約（割賦販売法上の「個別信用購入あっせん」）を「クレジット契約」と使っている例も見られ、また、「販売信用」を表す場合など多様である[10]。このような用語の多様な使用も、「クレジット」という概念の整理が十分に行われていないことを象徴している。

　消費者信用の基本は、消費者個人の支払い・返済能力（職業、収入、資産（金融資産や持ち家など）など）が信用となり、この信用を担保として代金の支払いの繰り延べや金銭の借り入れなどができるというものである。

　現在、例えばクレジットカード会社は、クレジットカードの発行に当たっての審査を、主としてスコアリングシステムによって行っている。このシステムは、アメリカで開発されたもので、その後改良されて今に至っている[11]。年齢、勤務形態・勤務先、収入、居住状況等のデータを数値化したものがコンピュータ化されて詳細に実施されている。

　信用の基本は、3 つのC（3C）と言われている。（「キャピタル（Capital）＝資金力」、または、「コラテラル（Collateral）＝担保力」、「キャパシティー（Capacity）

---

[10] 例えば、寺川永「複合契約と消費者」『基本講義消費者法』〔第 2 版〕（日本評論社・2016 年）238 頁では、「第三者与信型の信用取引」を「クレジット取引」としている。
[11] エリザベス・メイズ編、スコアリング研究会訳『クレジットスコアリング』（シグマベイスキャピタル・2007 年）など。

＝能力」、「キャラクター（Character）＝性格」[12]であるとされ、以前はこれを基本に蓄積されたノウハウによって審査が行われていた。さらに「コントロール（Control）＝自己管理」を入れて４Ｃとするものもある。[13]現在のスコアリングシステムも、基本はこうした項目を細分化して数値化したものと言えよう。

（２）クレジットカード関連統計

〔図１〕は、クレジットカードの発行枚数と信用供与の推移のグラフである。

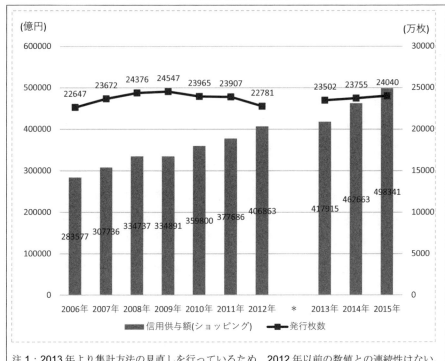

注１：2013年より集計方法の見直しを行っているため、2012年以前の数値との連続性はない。

注２：発行枚数の集計期間について、2012年以前の数値は年度、2013年以降は年で集計。

（日本クレジット協会『日本のクレジット統計2015（平成27年）版』をもとに作成）

図 **1** クレジットカードの発行枚数と信用供与額の推移

---

[12] キャラクターは、性格がまじめであることが求められるということ。

[13] 本田元『カードビジネスの実務』（中央経済社・2016年）96頁。

　前述したとおり、2015（平成 27）年におけるクレジットカードの発行枚数は
2 億 4,040 万枚、クレジットカードショッピングの信用供与額は 49 兆 8,341 億
円であった。

　クレジットカードの発行枚数や信用供与額の統計については、現在は、日本
クレジット協会がその統計を取りまとめて発表しており、このグラフは発表数
字をもとに作成したものである。2012（平成 24）年と 2013（平成 25）年の間
が空いているのは、「この間に連続性はない」と説明されていることによる。こ
のことについては、2014（平成 26）年 12 月 26 日付で日本クレジット協会から
「〜「日本の消費者信用統計」の数値の訂正について〜」という文書[14]が公表さ
れている。同文書では、「一部調査対象事業者において報告すべき数値の解釈に
誤解があり、その結果過大な数値により報告がなされていたことが判明した」
と説明されている。訂正されたのは、クレジットカードの発行枚数と会員数、
クレジットカードショッピングに係る数字などで、2003（平成 15）年から 2012
（平成 24）年の 10 年分の数値であるが、2012（平成 24）年の数値をみるとク
レジットカードの発行枚数は、2013（平成 25）年 3 月末の数値を 3 億 2,352 万
枚から 2 億 5,979 万枚に、クレジット－カードショッピングの信用供与額は 53
兆 2,541 億円から 40 兆 6,863 億円に訂正された。クレジットカードの発行枚数
は、6,373 万枚下方修正され、クレジットカードショッピングの信用供与額に関
しては、差額は 12 兆 5,678 億円にのぼっており、この訂正について「業界のディ
スクロジャーを適正化するきっかけにしてほしい」との指摘がなされている[15]。

２．クレジットカードの種類

（１）発行形態による分類

　クレジットカードの発行形態には様々なものがあるが、主なものとして以下
のようなものがある。

---

[14] http://www.j-credit.or.jp/download/141226_jdm.pdf
[15] 浅見淳「『日本の消費者信用統計』の数値訂正問題を考える」月刊『消費者信
用』2015 年 2 月法 31 頁参照。

・シングルカード…他の事業者と提携関係にない自社発行のカード。当該事業者またはグループのみで利用できる「ハウスカード」がある。
・ダブルカード…1枚のカードに2社のカードの利用機能を持たせたもの。クレジットカードとクレジットカードの組み合わせの他、キャッシュカードや証券カードなどとの組み合わせもある。
・トリプルカード…1枚のカードに3社の機能を持たせたカード。

（2）発行主体による分類

　クレジットカードを発行主体別に分ける分け方があり、業界[16]では以下のような分け方などがされている。

カラム 1　クレジットカードの発行主体別分類

・銀行系…銀行または銀行の子会社等が発行するカード（三井住友カードなど）
・信販系…信販会社が発行するカード（オリコカード、ジャックスカードなど）
・流通系…百貨店、スーパー等流通各社やグループが発行するカード
（セゾンカードなど）
・メーカー系…自動車等メーカー関連のカード（トヨタカードなど）
・その他中小小売商団体等

　銀行系、郵貯系、信販系、流通系、交通系、航空会社系、メーカー系などと分けることもできる[17]。しかし、例えば、代表的な信販会社であった日本信販が、三菱UFJと提携して三菱UFJニコスとなるなど、金融規制の緩和を背景とした資本提携や統合により、業態での区別の意味は曖昧になってきている。
　海外では、クレジットカード業務は基本的に銀行の主要業務と位置付けられているが、わが国では、そうではない歴史をたどり、銀行以外のノンバンクがその役割を担ってきた。

---

[16] 日本クレジット協会『日本の消費者信用統計』（平成26年版）など。
[17] 末藤高義『あなたの知らない！クレジットカードの真実－実務にも役立つ「実用知識百科」－』（民事法研究会・2015年）15頁。

銀行は、クレジットカード業務については、子会社を作ってその業務を行うこととしたのであり、銀行系クレジットカード会社は銀行ではないノンバンクに分類される。

３．クレジットカードの基本的な機能

クレジットカードには、以下のような基本的な機能がある。

（１）ＩＤ（個人識別）機能

ID は、Identification の略で、個人を識別して特定することを意味し、ID 機能とは本人であることを確認・証明する機能である。

この機能の代表的なカードには、その資格があることを証明する健康保険カードや運転免許証などのカードあるが、クレジットカードのほかキャッシュカードやデビットカードにもこの機能がある。プリペイドカードやギフトカードは基本にはこの機能を持たないが、交通系の IC カードなどは定期券と兼ねて個人を特定できるものと匿名のものとの両方がある。

カラム **2**　交通系ＩＣカード

> 集積回路である IC チップがついているキャッシュカードやクレジットカードは、「接触型」と呼ばれる。一方、交通系の IC カードや電子マネー、運転免許証やマイナンバーカードは、「非接触型」である。
>
> 非接触型 IC カードは、ソニー製の Felica（フェリカ）と呼ばれるＩＣチップが使われており、プラスチックカードにこの IC チップとアンテナが組み込まれていて、かざすだけで情報のやり取りが行われるというものである。

クレジットカードでは、カードを提示したりカード情報等を入力したりすることなどでカード会員（カードに記載された当事者）であること、つまり、クレジットカード会員規約上の権利者であることが証明される。

（２）ショッピング（決済）機能

クレジットカードを提示して、プリントされた伝票に署名やクレジットカー

ド端末に暗証番号[18]の打ち込みをする、また、ネット上での決済でクレジットカード番号等の情報を入力するなどで、商品や役務（サービス）の代金の繰り延べ払いができる販売信用（与信）機能のことであるが、これが最も基本的機能である[19]。

　代金の決済の際の支払方法として、マンスリークリア（翌月一括払い）、均等分割払い、ボーナス払い、リボルビング払いがある。

〔マンスリークリア〕
　翌月一括払いのことである。この方式では、基本的に消費者には手数料はかからず、現金払いと同様の金額が預貯金から引き落とされる。

〔均等分割払い〕
　文字通り、均等に分割して支払う方式である。12 回払い、24 回払い、36 回払いなどがある。一定の手数料がかかる。

〔ボーナス払い〕
　ボーナス時期に、1 回または 2 回で支払う方法である。手数料はかからない。

〔リボルビング払い〕
　例えば「定額方式」では、あらかじめ限度額（クレジットライン）と毎月支払う一定の金額（ミニマムペイメント）を決めておいて（例えば、限度額 20 万円の月々 1 万円の支払いなど）、カード会員はカードの利用残高がクレジットラインの上限以内であれば、繰り返しカードの利用ができるというものである。使った分が、また与信枠となり、次々回転していくことから「回転信用方式」などともよばれた。月々の支払が一定なので、家計管理がしやすいというメリットはあるが、手数料が高いので、気が付かないうちに相当な金額を負担することになるため、計画性のある利用をすることが不可欠である[20]。海外では、「リ

---

[18] Personal identification number ということで PIN（ピン、ピンコード）などと呼ばれる。
[19] 広義には、国際ブランドとの多通貨決済等の機能も決済機能である。
[20] 高額な商品を次々買い足すなどで、一生払っても支払いが終わらない「永遠

ボルビング中毒」も問題になっている[21]。

　多くは定額リボルビングであるが、定率リボルビングもある。

（３）キャッシング（ローン）機能

　クレジットカードの付帯サービスの主なものとして、現金調達のためのキャッシング機能がある。CD（cash dispenser＝現金自動引出機）や ATM（automatic teller machine＝現金自動出納機[22]）から金銭を直接借り入れることができる。

　クレジットカードの付帯サービスとしての直接の金銭の借り入れに関して、「キャッシング」と「ローン」とを分けて説明するもの[23]とキャッシングに統一するもの[24]がある。

　二つを分ける場合、翌月に一括返済するものを「キャッシング」、リボルビングまたは分割払いするものを「ローン」とするなどとの説明がある。日本クレジット協会の統計資料[25]では、「キャッシング」に統一している。

　本稿は、ショッピング機能を中心にしているが、貸金関係については基本的に後者の考え方で、クレジットカードの付帯サービスとしての貸金、つまり利用限度額（クレジットライン）の範囲内については「キャッシング」とする。クレジットカードホルダーであることで別途金銭を借りられる場合は、「ローン」となる。これも付帯機能であるが、ここでは省略する。

ローン」などと言われる状況になる場合もある。国民生活センター在職時の消費生活相談で扱ったカツラの過量販売被害で、実際に永遠ローンになっていた事例があった。

[21] 宮居雅宣「決済手段、決済サービスの多様化—現状と展望」『国民生活研究』54 巻 2 号（2014 年）12 頁。

[22] 銀行の場合は、「現金自動預払機」。ノンバンクのローンの場合は、「現金自動貸出返済両用機」。

[23] 例えば、末藤高義『あなたの知らない！クレジットカードの真実』（民事法研究会・2015 年）72 頁。

[24] 日本クレジット協会・前掲注（16）13 頁。統計分類項目として「クレジットカードキャッシング　消費者にクレジットカードを発行し、このカードを媒介として、消費者に金銭の貸付を行うものをいう」と説明している。

[25] 日本クレジット協会・前掲注（16）

　なお、注意したいのは、銀行本体が発行するクレジットカードのキャッシングサービスや銀行本体が当事者となるローンは、銀行法の適用対象であり、貸金業法の適用を受けない。そのかわりに、銀行系クレジットカードは、銀行本体ではなくノンバンクとして扱われるので、貸金業法等の対象となる。

（４）サービス付加機能

　キャッシングやローンも付加機能ともいえるが、それ以外にポイントサービスや各種の優待割引サービス、各種の保険（例えば、海外旅行傷害保険）サービスなどが付加されている。

４．クレジットカード取引の仕組み

（１）基本的な取引関係

　クレジットカード取引には、販売業者が発行したクレジットカードが、消費者によってクレジットカードの発行会社と同じ販売業者で利用される自社取引（「ハウスカード」など）、クレジットカード会社が発行したクレジットカードを消費者が当該クレジットカード会社の加盟店で利用する場合の自社加盟店取引（オンアス（on-us）取引。以下、「オンアス取引」）、さらにクレジットカードを発行したクレジットカード会社の提携先の加盟店と契約している会社（提携先クレジットカード会社等）の加盟店で消費者が利用する場合の他者加盟店取引（ノンオンアス（non-on-us）取引、最近では、オフアス（off-us）取引。以下、「オフアス」取引。）がある。

　以下の〔図２　自社取引（自社割賦販売）〕、〔図３〕、〔図４〕は、それぞれを図化したものである。

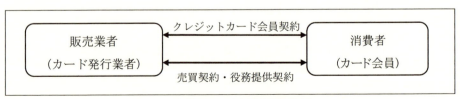

図 2　自社取引（自社割賦販売）

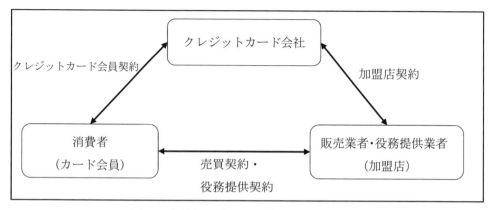

図 **3**　自社加盟店取引（「オンアス取引」）

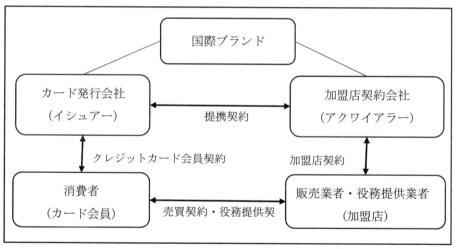

図 **4**　他社加盟取引（オフアス取引）

　海外では、オンアス取引が基本であるが、わが国では加盟店解放が進み、消費者が会員となっているクレジットカード会社以外の同社と提携関係等にある加盟店でも使用することができるようになっている。

　〔図 4〕のオフアス取引の場合、国際ブランドを通さずクレジットカード会社とクレジットカード会社でイシュアーとアクワイアラーの役割に分かれて提携関係にあるものと国際ブランドを通して提携関係にあるものとがある。

（2）主な業務（イシュアー業務とアクワイアラー業務）

　クレジットカードを発行しているカード会社をイシュアーという。クレジットカード業務には、大きく分けてイシュアー（イシュリング）業務とアクワイアラー（アクワイリング）業務がある。いずれも基本的な業務であり、従来からあったものであるが、近時の決済代行業者等が関与した契約の増加や関連消費者トラブルの増加などによって、分けたとらえ方によって検討されるようになってきた。

〔イシュアー業務〕

　イシュアー業務とは、クレジットカードの発行や会員の管理、代金の回収、債権管理などのことである。

　クレジットカード発行関連の業務には、会員の募集やスクリーニングなどと呼ばれる初期与信、発行業務などがある。クレジットカードを会員に発行した後は、途上与信などと呼ばれる会員の属性や利用状況、返済状況などをモニタリングする業務がある。不正使用対策や支払い遅延の際の督促業務などもある。

〔アクワイアラー業務〕

　アクワイアラー業務は、加盟店関連のものであり、加盟店の開拓、売上金の支払い、管理などである。

　わが国のアクワイアラーは、マルチアクワイアリングという、ひとつの加盟店が複数のアクワイアラーと加盟店契約をする独特な形態をとっている[26]。

---

[26] 国際ブランドでは、ひとつの加盟店がひとつのアクワイアラーと契約するシングル開くワイリングが主流であるとされる。

（3）国際ブランド（国際クレジットカード）[27]

　国際クレジットカードまたは国際ブランドというのは、ひとつの国だけではなく国際的に通用するクレジットカードの総称である。

　該当するものとして、「VISA」（以下、「ビザ」）、「MasterCards」（以下、「マスター」）、「JCB」（以下、「ジェーシービー」）、「Diners」（以下、「ダイナース」）、American Express（AMEX）（以下、「アメックス」）、「Discover」（以下、「ディスカバー」）、「中国銀聯」（Union Pay）（以下、「銀聯」）の 7 つがあるが、このうち、ビザとマスター、さらに中国銀聯は、自らはカードの発行業務は行わず、ネットワークの提供等をしている。このことなどから、「国際クレジットカード」ではなく、「国際ブランド」と総称される。

　ダイナース、アメックス、ディスカバーは、直接のクレジットカードの発行主体でもあり、自社でクレジットカードの発行やクレジットカード会員への代金の請求・回収、加盟店開拓などの業務も行っている。

　ビザ、マスター、ダイナース、アメックス、ディスカバーの 5 社はアメリカに本部を置くが、中国銀聯は文字通り中国（上海）、ジェーシービーは日本の会社である。

　以下では、主要で身近な国際ブランドとして、ビザとマスターを中心にその仕組みを説明する。また、以降の説明もビザとマスターが中心である。

　ビザとマスターのフランチャイズには、本会員である「一次カード会社」[28]（例えば、マスターでは、「プリンシパルメンバー」）と「二次カード会社」[29]（マスターでは、「アソシエイト（アフィリエイト）メンバー」がある。メンバーの概要は、〔表 1〕のとおりである。一次カード会社は、基本国際ブランドと直接や

---

[27] 国際クレジットカード（国際ブランド）について、わかりやすくかかれているものとして、山本正行「国際カード決済の仕組み」(1)(2) 月刊『国民生活』2015 年 9 月号 28 頁、同 10 月号 30 頁、山本正行「クレジットカード知っておきたい基礎知識」月刊『国民生活』2012 年 11 月号 1 頁など。
[28] 山本正行氏により、このように表現されている。
[29] 注 28 と同様。

り取りができ、二次カード会社は、一次カード会社を通じてやり取りをするなどとなっている。

　海外では、クレジットカード業務を銀行が行っているため、ビザやマスターは、銀行とフランチャイズ契約をするのが原則であるが、わが国おいては、信販会社や流通系カード会社などが主なクレジットカード会社であったことから、例外的に銀行以外の会社との契約を結んだ。銀行家クレジットカードについても、主なカードは、銀行本体ではなく、銀行の子会社がクレジットカード業務を行っており、このあたりの特殊性が誤解されやすいようである[30]。

　海外では、ショッピング機能を中心としたビザ、マスターなどのクレジットカードは、基本リボルビング払いであり、トラベル＆エンターテイメントを中心としたダイナース、アメックスは一括払いである。いずれも、代金は小切手で支払われる場合が多い。

　均等分割払い、マンスリークリア払いは、わが国独特の支払方法である。また、1カ月単位の決済や預貯金からの引落しもわが国に特徴的な取引形態である。

表 1　ビザとマスターの「一次カード会社」と「二次カード会社」

国際決済ブランド会社 （国内事務所）	ビザ・ワールドワイド ・ジャパン	マスターカード・ワールドワイド・ジャパン・オフィス
一次カード会社 （国際ブランド会社と直接契約しているカード会社や銀行など）	JVA、三 UFJ ニコス、セディナ、クレディセゾン、ユーシーカード、イオンファイナンシャルサービス、トヨタファイナンス、りそな銀行、 三菱東京 UFJ 銀	三菱 UFJ ニコス、ユーシーカード、オリエントコーポレーション、楽天カード、クレディセゾン、セディナ、ジャックス、イオンファイナンシャルサービ

---

[30] 例えば、一次カード会社に三菱東京 UFJ 銀行が入っているのは、デビットカードの発行主体としてである。

	行、エポスカード、スルガ銀行、アプラス、楽天カード、ジャックス、楽天銀行、ジャパンネット銀行、エムアイカード、オリエントコーポレーション、ソニー銀行、ジェイティービー、あおぞら銀行、ソフトバンクペイメントサービス、NTT ドコモ、ヤフー、ゆうちょ銀行、ワールドペイ、琉球銀行、住信 SBI ネット銀行、北國銀行など	ス、オムニカード協会加盟各社、ライフカード、ポケットカード、日立キャピタル、アコム、アプラス、トヨタファイナンス、りそな銀行、SBI カード、NTT ファイナンス、ゆうちょ銀行、トラベレックスジャパン、ソフトバンクペイメントサービス、ヤフー、NTT ドコモ、ワールドペイ、楽天銀行、エポスカード、住信 SBI 銀行など
二次カード会社 （一次カード会社と契約しているカード会社、銀行など）	一次カード会社のフランチャイジーかブラザーカンパニー ・VJA グループ・ブラザーカンパニー（三井住友カード、九州カード、しんきんカード、スルガカードなど61 社） ・UC カードグループ・ブラザーカンパニー（三井住友トラスト・カード、道銀カード、千葉興銀カードサービスなど26 社） ・三菱 UFJ ニコス・フランチャイジー（あしぎんカード、八十二ディーシーカード、常陽クレジットなど56 社） その他：NTT ファイナンス（ビザ）、セブン・カード・サービス、ビューカード、東急カード、出光クレジット、 KDDI ファイナンシャルサービス等	

（山本正行氏の講義資料をもとに作成。基礎資料は、月刊『消費者信用』9 月号に掲載）

５．クレジットカードの規格と券面

　クレジットカードには、大変多くの種類（数千にもおよぶ）があり、そのデザインはさまざまであるが、一般に「標準化」と呼ばれるように、形やサイズは基本的に同一である。

（1）大きさと磁気ストライプ

　クレジットカードの大きさは、縦 53.98mm×横 85.60mm×厚さ 0.76mm である。これは国際基準である ISO 規格と、日本の JIS 規格で規定されている。キャッシュカードや Suica や PASMO などの交通系や IC カードなどもこの大きさである[31]。

　カードの券面に貼られている磁気ストライプには、日本独特の事情がある。わが国では、クレジットカードに先んじて発行されていた銀行等金融機関のキャッシュカードにおいて独自のフォーマット（磁気テープを表面に貼る）が使われていたが、その規格は国際規格である ISO 規格と異なっていた。

　1976 年に国連の国際標準機構が、磁気テープを裏に貼ることを決定したが、わが国では、クレジットカードの国際化に際して、日本独自の方式を継続しつつ国際規格に合わせることとした。国際規格では、裏面に磁気ストライプを貼るのであるが、表面にみえないように日本独自の磁気ストライプを貼ることで、両方が使えるようにしたのである。表に磁気テープを張るのは JIS Ⅰ 型、裏に磁気テープを張るのは JIS Ⅱ 型とされ、特殊な状況になっている。

（2）記載事項等

　クレジットカードの券面の主な記載事項とその配置イメージは、およそ〔図5〕のとおりである。

表面には 16 ケタのクレジットカード番号、有効期限（満期月）、氏名（大文字のローマ字）の他、発行主体のデザインに加え、提携カードのロゴマークや偽造防止のためのホログラム等がある。また、最近のカードの多くには、IC チップ（集積回路）がついている。IC チップがついたものは、偽造や変造に強く、セキュリティが高く、この普及が進められている。

　裏面には、直筆の署名欄（サインパネル）の他、セキュリティコード、発行主体、拾得者への注意、ATM ブランドのマークなどがある。クレジットカード

---

[31] 定期券などは、若干サイズが異なる。

は、複合的な提携カードが多いが、基本的にカードの裏面に記載されている会社が、当該クレジットカードの発行主体（イシュアー）である。

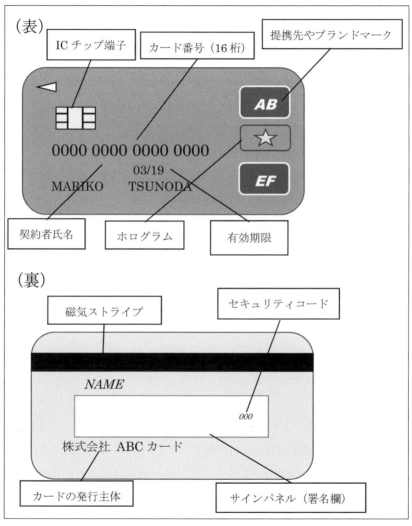

図 **5**　クレジットカードの主な券面記載事項（イメージ）

6．基本的な手続の流れ

（1）クレジットカードの基本的な手続の流れ

　消費者が、クレジットカードの申し込みをして、ショッピング利用をするまでの基本的な流れは、以下のようなものである。

〔申込み〕

　クレジットカード会員契約の申込書に必要事項を記入し、クレジットカード発行会社等に提出する。署名・捺印により、クレジットカード会員規約の内容を承諾したことになる。

〔信用調査〕

　クレジットカード発行会社は、申込書に書かれた内容の真偽、信用の程度、個人信用情報機関への照会等の審査を行う。

〔利用限度額の決定〕

　クレジットカードには、会員の信用に基づいて利用限度額[32]が設けられる。

　割賦販売法の割賦購入あっせんの規制では、適正与信義務があるので、その範囲で決められることになっている。一般的に利用実績等により、利用限度額は増額される。

〔発行〕

　クレジットカードが申込者に引き渡される。多くは、書留等の郵送による。

　（プラスチックのカードは発行されず、番号だけのものもある）

〔利用〕

　商品の購入やサービスの利用に際し、一般の店舗（加盟店）ではクレジットカードで決済すると告げて、支払回数等を決定する。店舗は、決済手続を行い、伝票に署名するかクレジットカード端末にクレジットカードをさして暗証番号の打ち込みなどを行う。ネット決済では、クレジットカード決済を選択し、ク

---

[32] 割賦販売法では、「極度額」。「ブラックカード」などと呼ばれるランクが高いクレジットカードでは、金額の制限のないいわゆる「青天井」のものもある。

レジットカード番号や利用期限等を入力する。

〔利用明細書の送付〕

　基本的に、１カ月ごとに利用明細書が送付される。最近は、メールで受け取ることもでき、利用の都度メールが来るものもある。

〔決済〕

　預貯金口座から、弁済金が引き落とされる。

　支払遅延があった場合には、カード会員は督促手続を受けることになる。

　クレジットカード取引の流れをクレジットカード会社側からみると、基本的にオーソリゼーションとクリアリング（売上処理）とセツルメント（清算）の３段階がある。

〔オーソリゼーション〕

　販売業者等の加盟店が商品の販売やサービスの契約をクレジットカードで決済することをイシュアーに承認してもらう処理のことである。信用照会端末である CAT（Credit authorization terminal）[33]端末や POS(Point of sales)[34]などの決済端末で処理され、クレジットカード情報や決済内容がアクワイアラーを通じてイシュアーに送られ、それをもとに判断がなされ、回答が販売業者等に知らされる。

　以前はカード用印字機（インプリンター）を使い、クレジットカード券面のエンボス文字（浮き出た文字）をカーボン方式で伝票に印字していた[35]が、現在はほぼ CAT 端末が設置されており、無効カードのチェックや利用状況等がリア

---

[33] クレジットカードの会員の信用状況や無効照会などをリアルタイムで確認し、承認を行う信用照会オンライン端末。
[34] 販売時点情報管理システム。レジスターを端末として、販売のデータを入力し売上管理等を行う。
[35] 現在も、この方式で行われている販売業者等もある。

ルタイムでチェックできるようになっている。以前は、フロアリミットといって、その都度オーソリゼーションが必要な金額が決まっていたが、10万円、5万円、3万円と徐々に下げられ、現在は基本0であるが、3万円で運用されている販売店などもある。

〔クリアリング〕

　販売業者等がアクワイアラーに、アクワイアラーからイシュアーに代金の支払いを求める手続である。アクワイアラーからイシュアーへの売上処理は、通常、国際ブランドの決済ネットワークで行われる。

〔セツルメント〕

　イシュアーが、アクワイアラーに代金を支払う処理のことである。

（２）個人信用情報機関

　個人信用情報機関は、与信業者が適正な与信を行うために利用者の情報を収集しておく機関である。

　割賦販売法では、個人信用情報を「購入者の支払い能力に関する情報」としているが、その具体的な内容は、個人を特定するための情報、契約内容や業者名、契約日、金額等の契約情報、返済状況に関する情報、割賦情報、金融情報、延滞や金融事故等の事故情報、加盟会社による信用情報の使用歴、本人申告事項など[36]である。

　事故情報の主なものは、3カ月以上の延滞情報などであり、こうした情報は、CRIN（Credit Information Network）という3機関の情報ネットワークにより、1987（昭和62）年から「異動情報」[37]について相互利用されている。

　現在運用されている個人信用情報機関は、以下の3つである。

◎全国銀行個人信用情報センター（全銀協）…銀行系

◎（株）シー・アイ・シー（CIC）…物販系

---

[36] 末藤高義・前掲注（17）31頁。

[37] 一般には「ブラック情報」、「ブラックリスト」等と呼ばれる延滞などの事故情報のこと。

◎（株）日本信用情報機構（JICC）…消費者金融系

個人信用情報機関は、従来から基本的には業界毎に設置されていた。

日本信用情報機構（JICC）は、2009（平成21）年4月に（株）テラネットが社名変更し、全国信用情報センター連合会（全情連）の信用情報事業を継承し、同年8月に（株）シーシービー（CCB）と合併したという経緯がある。

割賦販売法と貸金業法それぞれに指定信用情報機関制度（割賦販売法35条3の36以下、貸金業法41条の13以下）があり、両法とも、CICとJICCが指定されており、信用調査の際などにこの登載情報が利用される。

初期の消費者トラブルでは、個人信用情報機関に登載された誤情報やクレジットカード会社が誤った情報を使うなどで、クレジットカードが発行されないといったトラブルが多く発生していた[38]。

個人信用情報機関では、本人による情報照会に応じており、それぞれ窓口が設けられている。

3機関の概要は、月刊『消費者信用』の9月号に毎年概要が掲載される。その項目は、2016年9月号では1．組織形態、2．創立時期、3．会員会社数、4．保有情報料、5．照会、開示件数、6．照会のために必要とされる事項、7．照会方法および回答方法、8．主要回答項目、9．照会手数料、10．情報保有期間（廃棄）であった。

（3）チャージバック制度

クレジットカード紛争、特に国際ブランドが関与する取引に関しては、その紛争解決の手段としてチャージバック制度[39]がある。

チャージバックの直訳的意味は、「代金請求の差戻し」といった意味であるが、この制度は、イシュアーが取引に問題があると判断した売上に関してアクワイアラーから代金の払戻しを請求する手続のことである。

---

[38] 関連裁判例として、クレジットカード取引ではないが、大阪地裁平成2年5月21日判決（判時1359号88頁）など。
[39] 注41参照。

　チャージバックができる理由については、ビザやマスターでは３０～４０項目程度を理由コード（Reason Code）として割り振っており、例えば、「金額相違」「利用覚えなし」などがある。また、期間についてもコードごとに定めており、45 日から 120 日程度である。

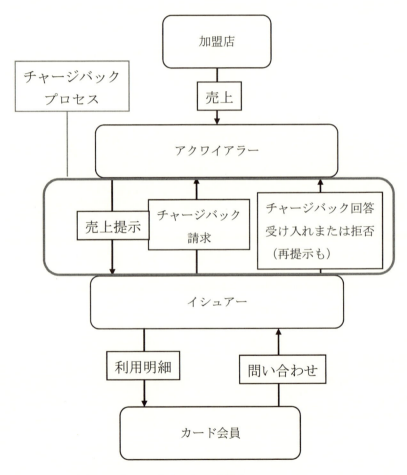

図 **6**　チャージバックの手続きのフロー

　このチャージバックルールは、あくまでブランド独自の制度であり、消費者の権利ではないとされている。しかし、紛争解決の有用な方法であり、OECD（経済協力開発機構）の CCP（Committee Consumer Policy:消費者政策委員会）が「消費者のためのグローバルな市場会議」[40]等でグローバル化するインターネット等の電子商取引の解決ルールとして世界的統一の検討を行ったり[41]、国によっては救済ルールとして位置付けたりしている。

　こうしたことを考慮すると、クレジットカード紛争の解決ルールとして、何らかの活用を検討することが期待されている[42]。[43]

　少なくとも、こうした制度があることを啓発することは、必要であろう。

7．会員規約

　クレジットカード契約の内容は、クレジットカードごとに会員規約によって規定されている。割賦販売法の適用対象となる取引については、クレジットカードの発行時点での交付書面の記載事項も規定に従って記載される。

　クレジットカード会社によって、項目だてや内容について違いがあるが、個人会員規約の主な事項を、基本的な「三菱 UFJ ニコスカード」の項目を基本に以下に例示する。[44]

　はじめに、反社会勢力でないことの表明・確約に関する同意事項が記載されている。

---

[40] Conference on "A Global Marketplace for Consumers"
[41] 拙著「クレジットカード取引をめぐる消費者紛争とその処理に関する考察－海外取引とチャージバックを中心に－」『国民生活研究』39 巻 1 号 8 頁（1999年）。
[42] 126 頁参照。
[43] チャージバックの考え方を参考にして、誤振込みについての「組戻し」を顧客の権利として構成する試みとして、加賀山茂「振込と誤振込の民法理論－『第三者のためにする契約』による振込の基礎理論の構築－」『明治学院大学法科大学院ローレビュー』第 18 号（2013 年）10-14 頁。
[44] クレジットカード会員規約の全体については、≪参考資料≫の例示参照。全体を読んでみることを推奨したい。

Ⅱ．クレジットカードの仕組みと機能

〔**一般条項**〕
・会員資格（本人会員と家族会員）
・カードの発行と管理
・年会費
・暗証番号
・カードの利用可能枠
・複数枚カード保有における利用可能枠
・手数料・利息の計算方法
・支払い等
・支払い均等の充当方法
・カードの利用・貸与の停止、会員資格の取消、法的措置等
・退会等
・付帯サービス
・期限の利益の喪失
・延滞損害金
・カードの盗難、紛失時、偽造カードを使用された場合の責任の区分
・届出事項の変更
・会員種類の変更
・外国為替及び外国貿易管理に関する諸法令の適用
・債権譲渡の同意
・合意管轄裁判所
・準拠法
・会員規約の変更、承認

〔**カードショッピング条項**〕
・ショッピング利用方法
・債権譲渡または立替払いの承認
・支払方法
・ショッピング利用代金の繰り上げ返済等

- 商品の所有権
- 見本・カタログ等と現物の相違
- 支払停止の抗弁

〔**キャッシングサービス・カードローン条項**〕

- キャッシングサービス
- カードローン
- キャッシングサービスおよびカードローンの支払金の繰上返済等
- ATM・CD での利用

〔**個人情報の取り扱いに関する同意条項**〕

- 与信目的による個人情報の取得・保有・利用
- 与信目的以外による個人情報の利用
- 個人信用情報機関への登録・利用
- 個人情報の公的機関等への提供
- 個人情報の開示・訂正・削除
- 同意事項に不同意の場合
- 利用中止の申出
- お問合せ窓口
- 条項の変更

　基本的な会員規約の項目例は、以上のとおりであるが、この他に国際ブランドとの提携カード、ゴールドカードや学生カードの特約などがある。

Ⅲ．クレジットカードの歴史的経緯

1．アメリカにおけるクレジットカードの生成と主な経緯

（1）Ｔ＆Ｅカードとしての「ダイナースカード」の登場

　アメリカにおいて最初に現代型のクレジットカードを発行したのは、ダイナースクラブであるとされている。ダイナースクラブがクレジットカード会社として設立されたのは、1950（昭和25）年2月のことであった。同クラブは、弁護士のシュナイダーと彼の友人であるマクナマラの 2 人がつくった会社であるが、同社は契約した加盟店で通用する多目的のクレジットカードを発行した[45]。

　ダイナースクラブ創設のきっかけとしてのエピソードとして知られているのは、当時金融機関で働いていたマクナマラが、ニューヨークのレストランで食事をした際に財布を忘れて支払いに困ったことで、ツケで食事ができるクラブをつくったらいいのではないかとシュナイダーに相談したことによると語り継がれている。（しかし、この話は「『マスコミ向けに作られた話』というのが定説になっている」[46]とのことである）食事をするクラブということで、「ダイナース」という名前にしたとされている。

　ダイナースクラブは、主としてホテルやレストランを加盟店とし、ハイクラスの旅行や接待に重点をおいたものであったことから「Ｔ＆Ｅ（travel & entertainment）カード」とし、支払いは翌月一括払いを原則とした。組織は、支店制度ではなく、フランチャイズ方式がとられた。

（2）ＶＩＳＡカード、マスターカード、その他のカード

　1958（昭和33）年に Bank of America（以下、「バンク・オブ・アメリカ」）がクレジットカード（バンカメリカード）を発行し、これが VISA International（以下、「ビザインターナショナル」。現在は、VISA Worldwide。）の前身となっ

---

[45] それまでは、百貨店等が一部の顧客のために単一目的のチャージカードなどはあったが、多目的なカードはなかった。
[46] 株式会社ジェーシービー『ＪＣＢカードの半世紀』（2011 年）28 頁。

たのであるが、この最初の発行の仕方がその後の世界の金融を変えたと分析[47]されている。

　このカードの発行は、その後のアメリカをクレジットカードの国にした[48]「事件」であったとされるが、それは以下のように紹介されている。

　カラム **3**　アメリカにおけるクレジットカードの最初の発行方式・ドロップ

　1985 年 9 月中旬のある日、バンク・オブ・アメリカがカリフォルニア州のフレズノ市に最初に 6 万枚のクレジットカードを郵便でばらまいた（ドロップした）時からアメリカの変化は始まった。クレジットカード業界では、たくさんの人にカードを郵送するという意味でこの「ドロップ」という言葉をよく使うのだが、案外と的を射た表現である。フレズノ市の住民はこのようなものをとりたてて欲しがっていたわけではないし、そんなものが作られていることも全く知らなかった。それは、ある日、何の前ぶれもなく空から降ってきたように届いたのである。その後、無差別にカードを郵送することが違法とされる 12 年間で、銀行は一億枚もの各種クレジットカードでこの国を覆ってしまった。それは、いつも、単に空から降ってきたようにみえた。

（ジョセフ・ノセラ（訳：野村総合研究所）『アメリカ金融革命の群像』27 頁より引用）

　この 1958（昭和 33）年は、アメックスがクレジットカード業務を開始した年でもある。このアメックスカードは、ダイナースカードと同様に基本的にはハイクラスの消費者向けのＴ＆Ｅカードである

　1966（昭和 41）年 5 月には、バンカメリカードがローカルカードの域を超え

---

[47] ジョセフ・ノセラ（訳：野村総合研究所）『アメリカ金融革命の群像』（野村総研リソース部・1997 年）28 頁。
[48] バンク・オブ・アメリカは、ほかの銀行が事業者を客としていた中で、個人客を大切にする意識が強く、それを誇りにして業務を推進していたことが興味深い。「定年退職したバンク・オブ・アメリカの元役員は自分のクレジットカード業界での人生を振り返り、誇りを持って『消費者信用がこの国を築いたのだ』と言っている。」（ジョセフ・ノセラ・前掲注（47）34 頁）としている。

　て全国ネット化を目指して、広く全米の銀行に提携を呼びかけ、商業使用権と業務プログラムのノウハウをフランチャイズ方式で売り出した。また、イギリスのカードとも相互交換をはじめた。

　これに対抗して、同年の 1966（昭和 41）年、Chase Manhattan 銀行を中心とした複数の銀行が、マスターカードの前身となる Interbank Card Association を設立した。現在の MasterCard Worldwide である。この後、1969（昭和 44）年にインターバンクカードアソシエーションが設立され、カード名もマスターチャージカードとなった。

　1966（昭和 41）年以降、銀行発行のクレジットカードは、バンカメリカードとインターバンクカードの 2 大系列に組織化され、先に発行されていたT＆Eカード 2 カードと激しい競争をして拡大していった。

　1977（昭和 52）年には、バンカメリカードがビザカードとなり、1979（昭和 54）年にはマスターチャージカードがマスターカードとなった。

　その後、1985（昭和 60）年には、小売店大手のシアーズによってディスカバーカード社が設立され、ディスカバーカードが発行された。[49]

2．わが国におけるクレジットカードの歴史的経緯

（1）創生・導入期

　わが国では、19 世紀末頃に、丸善という呉服屋が毎月集金する本格的なクーポン式の月賦払いをしていたが、これが後に丸井や日本信販（当時：日本信用販売会社）につながったといわれている。[50]

　1951（昭和 26）年に日本信用販売会社（後の日本信販）が設立され、「クーポン方式」の月賦販売を開始[51]した。これに先立って、1949（昭和 24）年に日

---

[49] 国際クレジットカードには、このアメリカ発祥の「ダイナースカード」「アメックスカード」「ビザカード」「マスターカード」「ディスカバーカード」に加え、日本発祥の「ジェーシービーカード」と中国発祥の「銀聯カード」がある。
[50] 末藤高義・前掲注（17）10 頁。
[51] この設立の経緯は、山田光成『幾山河こえては越えて』日本経済新聞社（1986年）（これは、日本経済新聞朝刊文化面の連載「私の履歴書」をまとめたもの）。

本専門店会連合会（日専連）京都がチケットによる割賦販売を開始していた。

　わが国ではじめて「クレジットカード」という言葉が使われたのは、1960（昭和35）年に百貨店の丸井が初めて発行した「丸井クレジットカード」であった[52]。

　同年の1960（昭和35）年8月には、日本ダイナースクラブ設立事務所が開設され、同年12月に「株式会社日本ダイナースクラブ」が設立された。日本ダイナースクラブは、世界で最初にプラスチックカードを発案し、また、カード会員の利用代金について、銀行口座から自動引き落としにするという当時では画期的なノウハウを採用した。

　1961（昭和36）年1月には、多目的クレジットカードを発行する「株式会社日本クレジットビューロー」（現在の「ジェーシービー」）が設立された。JCB（以下、「ジェーシービー」）は、当時の三和銀行が独自の発想で規格したもので日本信販を共同事業者にして誕生した日本発祥の国際クレジットカード会社である。しかし、ＪＣＢは銀行系であり、日本信販は信販会社であって、その経営にあり方等が大きく異なっていたことから、両者は別々の道を歩むこととなった。

　1966（昭和42）年12月、銀行系カード会社として当時の三菱銀行系のダイヤモンドクレジット（以下、「ディーシー」）が、その3日後には、当時の住友銀行系の住友クレジットサービス（以下、「住友クレジット」）が設立された。

　1967（昭和42）年頃、アメリカでは、バンカメリカードとインターバンクカードが熾烈な競争をしていたが、住友銀行はバンカメリカードと業務提携し、三菱銀行系のディーシーは、インターバンクカードと提携した。

　1968（昭和43）年3月には、当時の東海銀行系のミリオンカードサービス（以下、「エムシー」）が、同年6月には当時の北海道拓殖銀行系のＨＣＢが設立された。

また、城山三郎『風雲に乗る』新潮文庫に詳しい。
[52] 丸井は、当初月々の支払について百貨店に消費者が直接支払いに行く方式を取り、そこで得た消費者に関する情報をマーケティングに生かすという情報の活用において先験的な方式を取って注目された。

こうしたアメリカ型のクレジットカード発行会社設立の一方で、当時の第一銀行と日本勧業銀行は、銀行自らが発行する小切手とカードを併用する「チェック・カード方式」と呼ばれたシステムを採用した。この小切手には、「当座貸越し」と呼ばれるローンが付けられていて、それがリボルビング方式になっていた。

1969（昭和44）年、それぞれ当時の第一銀行、日本勧業銀行、富士銀行、三菱銀行、太陽銀行、埼玉銀行により、ユニオンクレジット（以下、「ユーシー」）が設立された。

1969（昭和44）年には、現在のオリエントコーポレーション、セントラルファイナンス、国内信販がクレジットカードを発行、1978（昭和53）年には、スーパーのダイエーがハウスカードのクレジットカードを発行した。

（2）定着・発展期

1971（昭和46）年に、渡航者専用の海外専用のクレジットカードが発行されたが、国際ブランドのクレジットカードが本格的に発行されるようになったのは、1980（昭和55）年に外貨の持ち出し枠が撤廃され、国内外の共通クレジットカードが発行されるようになって以降である。

1980（昭和55）年に、わが国におけるビザカードの統括機関であるビザジャパンが設立され、1983年には、ビザインターナショナル東京事務所が設立された。

そして、1989（昭和64）年には、1社でビザとマスターの両方のブランドのカードが発行できるようになったことに対応し、オムニカード協会が設立された。同年、西武クレジットが、セゾンカードと商号を変更し、ビザとマスターの両方と提携して国際ブランドカードを発行し、信販会社のジャックスもクレジットカードを発行した。

1982（昭和57）年に銀行法が改正されて、銀行本体によるクレジットカードの発行が可能となったが、自行発行を開始したのは地方銀行であった。その後も、大手メガバンクは、クレジットカード業務は、専門子会社が行っている。

つまり、ほとんどの銀行系クレジットカードは、ノンバンクが発行するクレジットカードという位置付けである。

1983（昭和58）年には、各社により「学生カード」[53]が発行された。

また、同年には、CAT/CAFIS[54]共同利用システムが稼働した。

1986（昭和61）年、日本信販が「NICOS VISA 郵貯カード」を発行した。従来、ビザのブランドルールでは、メンバー[55]になれる条件として、銀行本体または銀行子会社に限っていたが、その原則を撤廃して、はじめてノンバンクと提携したのである[56]。

1990年には、マスターインターナショナルが、マスターカードインターナショナル東京事務所を設立した。

従来わが国では、中小商店連合の保護策として分割払いは、信販会社にしか認められていなかった。銀行系クレジットカードは、マンスリークリア取引が基本であり、信販系クレジットカードは分割払いができるクレジットカードの発行主体であり、その特徴が明確に分かれていた。金融規制の緩和の流れや日米構造協議を背景に、1992（平成4）年には、銀行系クレジットカード会社に対する分割機能取扱い規制が緩和され、銀行系クレジットカードでリボルビング払いの機能をつけることができるようになり、均等分割払いも2001年に可能となった。このことにより、発行主体別については、選択できる支払いについての違いはなくなったのである。

---

[53] 大学生や専門学校生向のカード。

[54] CAT は、credit authorization terminal の略で、信用照会オンライン端末のこと。クレジットカード会員の信用状況をリアルタイムで確認できる。CAFIS は、credit and finance information system の略で、CAT システム向けの通信ネットワーク。

[55] 国際ブランドのメンバーシップについては、21頁以下参照。

[56] 当時、日本信販に、プリンシパルメンバー（一次カード会社）ではなく、スペシャライセンシーを与えた。

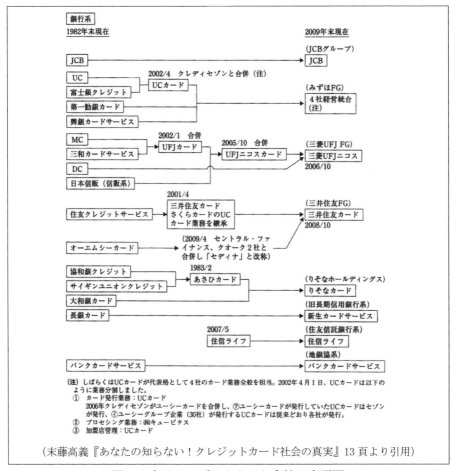

（末藤高義『あなたの知らない！クレジットカード社会の真実』13 頁より引用）

図 **7**　大手クレジットカード会社の変遷図

（3）熟成期（2000 年以降）

　2001（平成 13）年、トヨタファイナンスがわが国のクレジットカード業界で
はじめて、全会員に IC カードを発行した。2000 年代後半には、業界の大きな
再編が行われた。2005（平成 17）年には、UC とクレディセゾンが包括的業務
提携を行い、イシュアー業務をクレディセゾンが、アクワイアラー業務は UC

が行うこととした。また、2007（平成 19）年には、UFJ ニコスと DC が合併し
て、三菱 UFJ ニコスとなった。さらに、2009（平成 21）年には、セントラルフ
ァイナンス、クォーク、オーエムシーカードが合併し、セディナとなった。

Ⅳ．クレジットカード取引に関する消費者トラブルの変遷

　近年、各地の消費生活センター等に寄せられるクレジットカードに関する消費生活相談の増加が注目されている[57]。

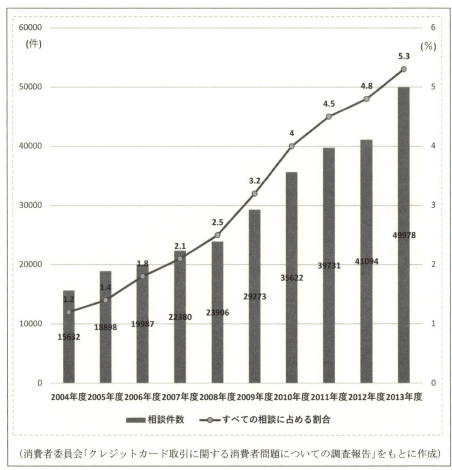

（消費者委員会「クレジットカード取引に関する消費者問題についての調査報告」をもとに作成）

図 **8**　クレジットカード取引に関する消費生活相談件数の推移

---

[57] 消費者委員会「クレジットカード取引に関する消費者問題についての調査報告」（2014 年 8 月）。消費者委員会 HP 参照。

　全国消費生活情報ネットワークシステム（ＰＩＯ－ＮＥＴ）[58]に登録された商品の購入や役務（サービス）の利用に関してクレジットカードを支払手段として利用した消費生活相談の近年の件数の推移をみると、〔図 8〕のように著しく増加している。

　2008（平成 20）年度には 23,906 件だったものが 5 年後の 2013（平成 25）年度には 49,978 件と倍以上増加している。この増加は、クレジットカードの発行枚数や取引の増加率を大きく上回り、相談件数に占める割合も増加しており、注目される深刻な状況である。

　消費生活相談におけるクレジットカード関連の消費者トラブルは、個別信用購入あっせん（割賦販売法 2008（平成 20）年改正前の「個品割賦購入あっせん」）[59]の問題がさまざまな悪質商法等と結びついて特に深刻であったことからか、「消費者被害は少ない」（＝深刻でない）[60]と評価され、消費者政策の課題として積極的に取り上げられることがほとんどなかった。クレジットカードの偽造などによる犯罪的被害は相当発生していたが、消費者がその被害を実感することがあまりなかった[61]ことなどもあり、消費生活相談としても特別な問題が顕在化することはなかった。[62]

　それが、ここまで増加した背景と経緯を把握するために、公表された文献を中心に国民生活センターや各地消費生活センター等に寄せられた消費生活相談

---

[58] 全国消費生活相談ネットワークシステムは、国民生活センターと全国の消費生活センター等をオンラインネットワークで結び、消費生活関連の情報を蓄積するシステムである。情報を共有利用して、消費生活相談の解決に活用したり、分析して未然防止のための情報提供等や政策立案等にも使われている。英文の **P**ractical **L**iving **I**nformation **O**nline **N**etwork System の略として、**PIO-NET**（パイオネット）と呼ばれている。
[59] 割賦販売法改正前は、２カ月以上かつ３回以上の分割払い対象であったため、「割賦」であったが、改正後は「２カ月を超える取引」となり、ボーナス一括払い等も対象になったことから名称が変更された。
[60] 苦情は少ないとの評価がされていたと思われる。現に、2008（平成 20）年の割賦販売法の改正時の議論でもそうした認識で検討が進められた。
[61] 犯罪による不正使用の個別紛争は、この頃は多くなかった。
[62] 不正使用とセキュリティ問題は、後述。

に加え国民生活センター等によるクレジットカードトラブルの未然防止対応も含めた変遷をたどることとする。

　なお、クレジットカードトラブルの資料について、一般に入手が困難などで、内容をも紹介することに意義があると考えられるもの等については、具体例なども含めて詳しく引用する。

1．1980 年代前半から中頃の消費生活への浸透期のトラブル状況

　1980 年代は、消費生活にクレジットカードが浸透しつつある時期であったといえる。1984 年 3 月末時点でのクレジットカード発行枚数は、7,381 万枚[63]であった。この頃から、国民生活センターや各地の消費生活センターにクレジットカード関連の相談が寄せられるようになっていた。

　クレジットカード関連の消費生活相談が、はじめてまとめて公表されたのは、国民生活センターが当時発行していた『生活行政情報』[64]という中央官庁等の生活関連の情報を主な内容とする月刊誌であったと思われる[65]。当時の国民生活センター相談部で受け付けた[66]クレジットカード関連の消費生活相談をまとめたものである。この雑誌は、一般の書店などには置かれていない関係者向けのものである。

　2 年後の『ジュリスト』の「クレジットカード紛争」の特集号[67]において、筆者は、国民生活センターで受け付けた[68]クレジットカードに関する消費生活相談

63　日本割賦協会『消費者信用白書』昭和 59 年版。
64　『生活行政情報』は、現在は廃刊。
65　「クレジットカードに関する消費生活相談－過去 3 年間における相談の概要と事例－」（『生活行政情報』317 号（1985 年 5 月 25 日号）119 頁以下）。
66　同雑誌の発行当時、特殊法人国民生活センター相談部で職員として取引関連の消費生活相談（クレジットカード関連も）を担当していた著者が担当としてまとめたもの。一部加筆して引用する。
67　拙著『クレジットカードをめぐる消費者トラブルの実態と問題点』ジュリスト 893 号（1987 年 9 月 15 日号）4 頁以下。
68　国民生活センターは、当時消費者から直接消費生活相談を地方自治体の消費生活センターと同様に受付け、相当数を消費生活相談員と職員とで処理していた。消費問題の基本は消費生活相談であり、消費者から直接受け付け処理する

の概要を紹介した。

　この 2 つのまとめは、1982（昭和 57）年度から 1987（昭和 62）年度の 4 月から 6 月まで国民生活センターで受け付けたクレジットカードに関する消費生活相談をまとめたものであるので、以下では、2 つをまとめて紹介する[69]。

　国民生活センターで受け付けたクレジットカードに関する相談件数は、1981（昭和 56）年度までは年間 10 件に満たなかったが、1982（昭和 57）年から目立つようになり、1982（昭和 57）年度から 1987（昭和 62）年度の 4 月から 6 月までの間に 171 件の相談があった。年度別では、1982（昭和 62）年度は 18 件、翌 1983（昭和 58）年度 19 件、1884（昭和 59）年度は 45 件となった。その後は、1985（昭和 60）年度 29 件、1986（昭和 61）年度 36 件であったが、1987（昭和 62）年度は、4 月から 6 月までの 3 カ月間に 24 件あった。

表 2　国民生活センターにおけるクレジットカード関連相談の項目別件数の推移

年度 主な項目	82	83	84	85	86	87（4〜6月）	合計	割合（%）
入会拒否、ブラックリスト	1	3	5	4	8	9	30	17.5
合意のない入会、カード無断作成	8	0	6	3	9	1	27	15.8
能力を超えた使用、支払い不能	0	3	12	6	1	1	23	13.5
覚えのない使用、無断使用	2	2	7	4	2	1	18	10.5
契約手続に関する不満	3	1	6	3	3	2	18	10.5

ことで、真の実態がわかり、また、人も育つという大学病院が外来を受け入れるのと同様という考え方（当時の大学病院は、段階分けされず普通に一般の患者を受け入れていた）のもと、積極的に消費生活相談業務が行われていた。しかし、行政改革での二重行政との指摘等により、国民生活センターの直接相談は縮小され、各地消費生活センターからの経由相談が中心となったが、現在では「平日バックアップ相談」という名称で、消費者からの直接相談を受け付けている。
[69] この間、1984（昭和 59）年度から消費生活相談の集計項目が変更されているが、クレジットカードに関する相談に関しては、影響がほとんどないため、2 つをまとめて紹介することとした。

IV. クレジットカード取引に関する消費者トラブルの変遷

年度 主な項目	82	83	84	85	86	87（4～6月）	合計	割合（%）
契約条件に関する不満	3	3	2	3	4	0	15	8.8
紛失に関する問い合わせ	1	2	2	1	1	5	12	7.0
法律・仕組み等の問い合わせ	0	5	3	2	0	1	11	6.4
買物相談	0	0	2	0	1	0	3	1.8
その他	0	0	0	3	7	4	14	8.2
合計	18	19	45	29	36	24	171	100.0

　〔表 2〕は、相談の内容別の件数の推移を 2 つの原稿をもとにまとめたものである。

　この間、最も多かったのは「入会拒否、ブラックリスト」に関するものであった。1986（昭和61）年度 8 件、1987（昭和62）年度の 4 月から 6 月までで 9 件と後半で急増している。

　「入会拒否、ブラックリスト」に関する消費生活相談は、消費者がクレジットカード会員への入会を申し込んだところ拒否されたというものと、その理由が、主として個人信用情報機関に延滞情報等消費者の信用にとって不利に働く情報が登載されていたことによるというものであるが、覚えのない間違った情報（誤情報）であるという苦情が主である。

　個人信用情報機関は、販売信用業界、銀行業界、貸金業界が主として業界毎に消費者の信用情報を載せているもので、3 カ月以上の延滞情報等については一般に「ブラックリスト」などと呼ばれ、本ジュリストが発行された 1987 年 3 月から 3 つの個人信用情報機関が情報交流（共有）をしており、広く影響を受けるようになった。

　当時の個人信用情報機関も、プライバシー保護の観点から本人からの情報照会には対応していたが、このことは一般にはほとんど知られておらず、クレジットカード会社も個人信用情報機関の情報を理由にクレジットカードの発行を

断っている場合であっても、情報照会手続を案内することなどは基本的にはなく、消費者は途方に暮れてしまい、消費生活センター等に消費生活相談として寄せられるようになってきたといったことではないかと考えられた。

〔相談事例〕
（相談事例は、2つの原稿からの引用または一部加筆修正。以下、同じ）
・クレジットカードの申込み手続をしたら、発行できないという通知が来た。クレジットカード会社に理由を問い合わせると、サラ金を利用した際にトラブルを起こしたとして、ブラックリストに掲載されているからと言われた。サラ金は利用したことがないので、間違いと思う。訂正するには、どうしたらよいか。（男性　30歳代　給与生活者）

・通信教育系の会社で身分証明書を兼ねたクレジットカードをつくることになり、取引のある銀行系のクレジットカード会社に申し込んだところ、信販会社関係の個人情報機関のブラックリストに載っていることを理由にカードの発行を拒否された。身に覚えがないので、詳細を聞いても何も教えてくれない。（男性　30歳代　給与生活者）

　2番目に多かったのは、「合意のない入会、カード無断作成」に関するものであった。1982（昭和57）年度には、苦情が8件あったが、翌1983（昭和58）年度は全くなく、その後は、1986（昭和61）年度の9件が目立っている。
　「合意のない入会、カード無断作成」に関する消費生活相談は、消費者の合意を得ずにクレジットカード会社が消費者を入会させてクレジットカードを無断作成してしまうというものである。この頃は、クレジットカードの発行が競争状態にあり、さまざまなケースでクレジットカードが消費者の意思とは無関係に発行される例が多くみられた。

Ⅳ. クレジットカード取引に関する消費者トラブルの変遷

〔相談事例〕

・百貨店がクレジットカードを一方的に作成し、暗証番号まで登録して以前の住所に送られてきた。受け取った人が届けてくれたので、使われるなどのトラブルにはならなかったが、悪用される危険もあり問題ではないか。（女性、30歳代、給与生活者）

・承諾を得ずにクレジットカードを作成して送付してきた。実害がないのでほっておいたところ、銀行口座より165円引き落とされていることがわかった。カードの抹消手続をして返金してほしい。（男性　60歳代　無職）

・突然クレジット会社から、クレジットカードが送付された。このクレジット会社は、半年ほど前に眼鏡を購入した際にクレジット（個品割賦購入あっせん）契約をした会社だが、クレジットカードの申し込みはしていない。どうしたらいいか。（女性　30歳代　主婦）

　当時は、クレジットカードを普及させるために様々な手段がとられた時期であった。消費者の同意をとらずに、おそらくサービスとして、クレジットカードを発行するといった状況であった。事業者がクレジットカードについての認識が甘く信じがたい安易な方法で作成されたものも見受けられた。
　国民生活センターの複数の相談担当者が利用していたある百貨店のポイントカードに関して、所有者の同意を得ずにクレジットカードにし、クレジットカード決済でない現金利用の場合のポイント加算のレシートの全てにクレジットカード会員番号が印字されるといったこともあった[70]。
　3つ目の事例は、眼鏡を購入した際のクレジット（個品割賦購入あっせん）契約書が7枚綴りのカーボン式ワンライティングになっており、その3枚目がクレジットカードの申込書になっていたというものであった。消費者の控えとな

---

[70] クレジットカード会社の担当者に来訪してもらい、注意を促した。

る一枚目の一部に小さくクレジットカードの申し込みについての記載があった
が、非常にわかりにくいものであった。クレジット会社は、販売業者にクレジ
ットカードの契約について説明するよう指導していたとのことであったが、実
行されていなかった。

　カードの無断作成に関しては、『生活行政情報』に処理のいきさつまで詳しく
紹介されている事例があるので、以下に概要を紹介する。

Case 1

＜事例１＞（1984（昭和 59）年 10 月受付）[71]
相談概要：　今月はじめに、申し込んだ覚えのない旧姓名義のクレジットカード
が実家宛に送られてきた。普通郵便で、キャッシング機能を利用するための暗
証番号も決められ、賦払金引き落としのための銀行口座も勝手に使われている。
発行会社である信販会社に問い合わせると、数年前、化粧品を同信販会社の個
別のクレジット契約（当時の「個品割賦購入あっせん契約」）を利用して購入し
たことがあるが、その情報が顧客名簿に載っていて、その中から一定の審査を
経て選ばれたのだという。「いらなければカードを切断して返送してくれ。盗
難・不正使用等については、保険をかけているから心配はない」と言われたが、
何の断りもなく、銀行口座からの引落手続までされたのが不満だ。

（女性　20 歳代　給与生活者）

処理概要：国民生活センターから信販会社に、本件のクレジットカードの発行・
送付のいきさつを問い合わせると、以下のような回答であった。

　「当社は、当該化粧品会社の会員のクレジットカードの提携会社として、北
海道から東京までの東日本エリアを担当している。今回、その会員の中から一
定の審査に合格した人々に、信販会社ブランドのクレジットカードを送付した。
まず、8 月はじめにクレジットカードを作成する旨のお知らせを送付、返信用封
筒を入れて、不要な人は断ってほしい旨が記載されていた。その挨拶状に、当

---

[71]　『生活行政情報』317 号 124 頁の＜事例１＞を改変。

社で決めた暗証番号を書き、気にいらない人は変更するよう記載されていた。その際の返信用封筒の切手代を消費者が負担するようになっていたことから、そのクレームはあった。10 月はじめから、1 週間程度の間にクレジットカードを発送した。クレジットカードには、キャッシング機能がすでに付加されていたが、同封の書類には暗証番号は記載されていなかった。盗難、不正使用については、保険をかけて全額カバーできるようになっている。申込みに基づかないで、このような方法でクレジットカードを送付したのは本件がはじめてであり、問い合わせがあったものについては対応している。」とのことで、全体としての特別な対応はしていないとのことであった。送付した人数などについては、回答が得られなかった。

　化粧品会社では、「会員の優良顧客に信販会社のクレジットカードの勧誘をするということは承知していたが、具体的な方法までは把握していなかった。信販会社と話し合い、今後は会員に信販会社のクレジットカードの勧誘を行う場合は、会員の意思を尊重して行うよう確認した」とのことであった。

　相談者には、退会の手続が取られただけで、具体的な対応はなかった。信販会社に、今後は消費者の意思を無視して手続を行うことがないよう伝えたということで、相談者は一応納得した。

　3 番目は、「能力を超えた使用、支払い不能」であった。1984（昭和 59）年度が 12 件と突出して多かった。多重債務関連と入会時の審査、支払い能力のチェック体制を問題にするものなどである。

〔相談事例〕
・3 年くらい前から、30 枚程度のクレジットカードを利用して、洋服やカメラなどの購入やキャッシングなど約 700 万円の負債を負っている。（女性、20 歳代、給与生活者）

・契約当時、夜間高校生だった息子が、甥の勧誘でアルバイト先を勤務先にし

て会社員ということでクレジットカードをつくりキャッシングで借金した。その後、昼間の専門学校にかわってアルバイトができなくなり、返済が滞って母親にまで厳しい取り立てが来た。未成年者に親の同意なしにカードを発行するのは問題である。（女性、50歳代、主婦）

　この事例は、『生活行政情報』に処理の詳細までが掲載されているので、以下に概要を紹介する。

Case 2

＜事例２＞（1984（昭和59）年7月受付）[72]

相談概要：2年前の12月、当時高校生だった息子が、甥の勧誘でクレジットカードを作った。その後、当該カードでキャッシングして借金を重ねて返済しなかったため請求を受けている。甥は、契約者1人につき500円もらえるからと、甥の兄弟、いとこなど親戚中を勧誘した。信販会社のクレジットカードで限度額10万円のキャッシング機能がついており、息子は月々5,000円くらいの返済をしていたようだが、現在通っている専門学校が忙しくなり、アルバイトができなくなり返済が滞った。きびしく取り立てられているようだが、そもそも返済能力がない高校生にクレジットカードを発行してキャッシングできるようにすること自体がおかしいのではないか。（女性　50歳代　主婦）

処理概要：契約者本人は、クレジットカード契約当事は夜間高校生で、昼間は不定期でアルバイトをしていた。その頃は、生活も不規則だった。当該クレジットカードでキャッシングし、2カ月分が未払いになっているようで、延滞金がついて16,000円の請求がきている。本人は、最近立ち直って今年の4月から専門学校に通っている。

　信販会社は、保証人にもなっていない親のところに支払うよう言ってくるが、本人に責任をとらせて支払いをさせたいというのが、母親である相談者の希望であった。

---

[72] 『生活行政情報』317号129頁の＜事例5＞を改変。

　契約のいきさつを確認するため、勧誘したという相談者の甥と話す調整をしたが、連絡が取れなかった。信販会社に、本件のクレジットカードの手続、キャッシングの仕組、本件の支払状況等について問い合わせ、以下の事実が判明した。

・本件クレジットカードの発行手続

　契約当時、モニター的な入会方法として、入会人数1人当たり500円を出していた。社員外の人にも支払った事実はあるとのことであった。本件のクレジットカードの申込書の写しを見ると、契約者は当時アルバイトをしていた会社の社員で年収が300万円以上あることになっていた。年齢は18歳だが、当該クレジットカードは未成年者でも信用があるとクレジットカード会社が判断した場合は法定代理人の同意なしで連帯保証人もつけずにクレジットカードを発行しているとのことであった。

・本件クレジットカードのキャッシングの仕組み

　限度額10万円のリボルビング方式の返済で、実質年利28.8%、自由返済方式で、はじめ元金として5%、以後自由返済。返済分は元金と利息に充当、支払いが2カ月連続して遅延すると期限の利益を失い、銀行引き落としができなくなり、遅延利息36.5%が加算されるというものであった。

・本件の支払状況

　契約者は、昨年1月から5万円2回、1万円4回の計14万円をキャッシングし、少しずつ支払い、今年4月時点で残金8万2,616円、9月では9万3,489円となっている。

　法定代理人の同意のない未成年者の契約であり取消しの主張をすることも可能であったが、母親は本人のために「借りたものは、返済させたい」との意向であった。

　そこで、国民生活センターで、信販会社、相談者の三者で面談し、本年4月時点での残金をとりあえず母親が一括して払い、以後母親が本人から返済を受けるということになった。

　信販会社には、特に未成年者などに安易な勧誘がなされないよう配慮するこ

と、信用調査を厳格にすること等を申し入れた。

4 番目は、「覚えのない使用、無断使用」である。

〔相談事例〕

・友人とパブに行き、飲食代をクレジットカードで支払った。2 か月後に銀行口座からの引落し代金が多いのに気が付いた。カード会社に問い合わせたところ、使用日の 4 日前にも同じ店でカードを利用したとして約 5 万円が引き落とされていることがわかった。しかし、その日にカードを利用した覚えは全くない。カード会社に問い合わせると、販売業者から売上票が上がっていると言われた。その写しをもらってみると署名の文字が間違って明らかに違っていたので異議を申し立てたが、プリントされているカードナンバーが同じだとして半額を負担するようにいわれているが納得できない。(男性　30 歳代給与生活者)（本事例は、『国民生活』1985 年 1 月号 58 頁に詳細掲載）

・布団のセールスをしている知人に個別のクレジット契約の名義を貸したところ、無断でクレジットカーを作成されて悪用された。契約抹消後に使われた分まで請求を受けているが、支払わなければならないか。(女性　40 歳代　主婦)

以下、「契約手続に関する不満」、「契約条件に関する不満」「紛失に関する問い合わせ」と続いている。

以上をみると、クレジットカードトラブルの基本的な類型がすでに顕在化していたことが改めて確認できる。

２．1980 年代後半から 90 年代にかけてのトラブル

（1）全国消費生活相談員協会の「クレジットカード 110 番」

この頃クレジットカードの発行枚数は 1 億枚を超え、急速にわが国の消費生

IV. クレジットカード取引に関する消費者トラブルの変遷

活に浸透しつつあった。当時社団法人であった全国消費生活相談員協会[73]は、1984（昭和59）年と1985（昭和60）年に「クレジット110番」を実施[74]したが、その中で個品割賦購入あっせん契約に関するトラブルが多い中、クレジットカードに関するトラブルも増加していることが認識されていた。そこで、同協会は、1987（昭和62）年5月18日から3日間、仙台、東京、名古屋、大阪、福岡の5カ所を拠点に「クレジットカード110番」を実施した。

　その結果は、38都道府県から655件の相談が寄せられ、うちクレジットカード相談は457年であった。発行機関別では、「信販系」が多く、内容では「多重債務」「信用情報」関連が多いという結果であった。

　相談事例集の項目は、以下のとおりである。

・20代の女性に600万円も信用供与（25歳女性の多重債務事例等）

・これ以上信用供与しないでほしい（30歳息子の多重債務の親からの相談等）

・多重債務に対処するには（多重債務からの救済方法を知りたい等）

・支払い請求の電話が鳴り通し

　　　　　（支払不能状態の多重債務状態で連日督促電話を受けている等）

・ショッピング・キャッシングの支払いが月13万円（若夫婦からの相談等）

・申し込んでいないのにカードが送られてきた

　　　　　（個品割賦購入あっせん契約をしたらカードが送られてきた等）

・カードを申し込んだら断られた

　　　　　　　（カードの申し込みをしたが、発行されなかった等）

・申し込んだ覚えがないのに「ブラックリストに乗っている」と断り状が来た。

・どのカードを申し込んでも、みな断られる。

・使用中のカードが突然使用禁止にされた。

・請求書にカードの暗証番号が記載されていた。

---

[73] 現在は、公益社団法人。記載は省略。
[74] 全国消費生活相談員協会では、1984（昭和59）年からほぼ毎年、消費者月間に「クレジット110番」を実施していた。

54

・寮の引き出しにしまっていたカードがなくなった。
・保険に入っていなかったカードが盗まれた。
・カードが保険切れ。
・カードが、違う名前でサインされ、使われていた。
・友人にカードを貸してあげた。
・信販会社に勤める友人のノルマに協力してカードをつくった。
・リボルビングカードをつくって、代金が二重払いになった。

　こうしたクレジットカード関連消費者トラブルの増加状況を受けて、同協会は、1988（昭和 63）年 12 月に『カードライフ入門 - 信用はあなたの財産』、1991（平成 3）年 3 月には『CARD LIFE NOW（カードライフナウ）』という消費者啓発冊子を発行している。

　また、同じく消費者関連資格団体である当時の社団法人日本消費生活アドバイザー・コンサルタント協会（NACS）（現在は、公益社団法人　日本消費生活アドバイザー・コンサルタント・相談員協会）は、1990（平成 2）年 12 月に、『きみは知っている？クレジットカード魅力と魔力』という冊子を発行している。

（2）兵庫県立神戸生活科学センターにおける国際クレジットカード関連トラブル

　この頃取りまとめられた資料として、兵庫県神戸生活科学センターにおける国際クレジットカードに関するものがある[75]。これは、現在は明治学院大学法学部の圓山茂夫准教授が、1986（(昭和 61）年度から 1991（平成 3）年度の 8 月までの同センターの受付消費生活相談を兵庫県立神戸生活科学センターに在籍していた時にまとめたものであり、以下では、この概要を紹介する。

　相談件数の推移は〔表 3〕の通りであった。

---

[75]　圓山茂夫「国際クレジットカードの苦情と問題点」月刊『国民生活』（1991 年 12 月号）40 頁。

Ⅳ. クレジットカード取引に関する消費者トラブルの変遷

表 3　兵庫県立神戸生活科学センターにおけるクレジットカード関連相談の推移

年度	86	87	88	89	90	91(4～8月)	計
クレジットカードの苦情件数	23	35	34	71	104	35	332
〔うち海外使用〕	2	1	1	3	11	7	25

　PIO-NET には、海外利用の苦情が 1989（平成元）年度 37 件、1990（平成 2）年度 74 件、1991（平成 3）年度 8 月まで 16 件入力されているとしており、国際クレジットカードを海外で利用したという一定の数の苦情が全国の消費生活センターに寄せられつつあったことがうかがえる。

　25 件の内訳は、「売上伝票の偽造や金額の水増し」8 件、「カードで決済した商品の欠陥」4 件、「商品の未着・延着」3 件、「カード自体の偽造」2 件などと紹介されている。また、具体的事例として、以下の 4 例を詳しく紹介している。

① カード売上伝票を偽造され、行ったこともない店からの代金請求がきた
② 銀行でキャッシングしたところ、伝票が偽造され不正請求された
③ カードが偽造され、行ったこともない国からの代金請求が来た
④ カードで決済した商品に傷があった

　その上で、「国際クレジットカードの仕組みは、今まで消費者には明らかにされていなかった。外部から見えないところでトラブルが処理されてきたように思われる」とし、消費生活相談の処理から明らかになってきた国際クレジットカードの仕組みの概要について、以下の図をもとに、取引の流れ、トラブルがあった際の解決ルールとしてのチャージバック制度[76]の概要などを紹介している。

　これは、当時としては、先進的なものとして高く評価されるものであった。

---

[76] 29 頁参照。

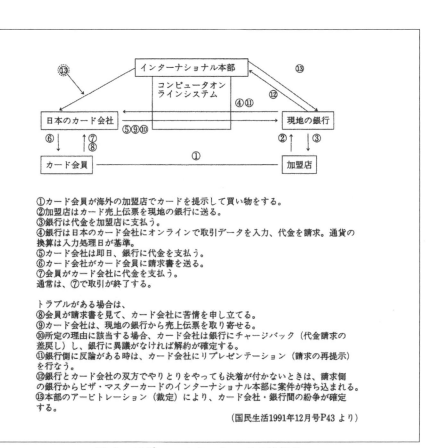

①カード会員が海外の加盟店でカードを提示して買い物をする。
②加盟店はカード売上伝票を現地の銀行に送る。
③銀行は代金を加盟店に支払う。
④銀行は日本のカード会社にオンラインで取引データを入力、代金を請求。通貨の換算は入力処理日が基準。
⑤カード会社は即日、銀行に代金を支払う。
⑥カード会社がカード会員に請求書を送る。
⑦会員がカード会社に代金を支払う。
通常は、⑦で取引が終了する。

トラブルがある場合は、
⑧会員が請求書を見て、カード会社に苦情を申し立てる。
⑨カード会社は、現地の銀行から売上伝票を取り寄せる。
⑩所定の理由に該当する場合、カード会社は銀行にチャージバック（代金請求の差戻し）し、銀行に異議がなければ解約が確定する。
⑪銀行側に反論がある時は、カード会社にリプレゼンテーション（請求の再提示）を行なう。
⑫銀行とカード会社の双方でやりとりをやっても決着が付かないときは、請求側の銀行からビザ・マスターカードのインターナショナル本部に案件が持ち込まれる。
⑬本部のアービトレーション（裁定）により、カード会社・銀行間の紛争が確定する。

（国民生活1991年12月号P43 より）

図 **9** ビザ、マスターカードの仕組み

（3）国民生活センターの取り組み

　国民生活センターでは、クレジットカードの消費生活への浸透を踏まえ、月刊『国民生活』1989（平成元）年 8 月号において「カード社会の進展と消費者問題」という特集[77]を組んでいる。この中で、トラブルの実態として、警察庁の担当者による「カード犯罪の実態と手口」と国民生活センターの担当として筆者による「カードをめぐる消費者トラブルの傾向と問題点」を掲載している。

---

[77] 特集の主なものは、清水巌「クレジットカードの意義と法的規制」、藤森正敏「リボルビング規制の緩和と消費者」など。

Ⅳ. クレジットカード取引に関する消費者トラブルの変遷

　国民生活センターが、1984（昭和 59）年度から 1988（昭和 63）年度までの
間に受け付けたクレジットカードに関連する相談をまとめたものであるが、前
述[78]の資料と重なるので紹介は省略する。

　クレジットカード関連の消費生活相談の増加に対応するため、当時の国民生
活センター相談・危害情報部は、1994（平成 6 年）3 月に相談処理のためのマ
ニュアルとして『消費生活相談処理ガイド　クレジットカードの知識＆実践例』
を発行し、全国の消費生活センターに配布している。同センターの相談員と経
済ジャーナリストの藤森正敏氏と宇都宮健児弁護士が執筆したもの。第 1 章で
基礎知識を、第 2 章で一般的相談を、第 3 章で国際クレジットカードに関する
相談を、第 4 章では、多重債務について記載している。第 2 章の一般的な相談
のところでは、クレジットカードに関する相談を類型化し、その流れでその内
容を紹介している。また、第 3 章の国際クレジットカードに関する相談では、
国民生活センター相談・危害情報部で受け付けた、クレジットカードに関する
相談件数の推移と海外でのクレジットカードの利用に関しての消費生活相談件
数と内容別推移について、以下の〔表 4〕のようにまとめている。

表 4　海外でのクレジットカード利用に関する相談件数と相談内容

年度／項目	89	90	91	92	93	計
支払いがクレジットカードによるもの	107	104	117	165	139	632
うち海外利用関連相談件数（以下の計）	8	16	6	14	7	51
不良品・商品未着・店との紛争	2	7	4	7	3	23
請求違い・非利用	3	5	1	5	3	17
盗難・脅迫・詐取	3	3	0	2	0	8
カード事務・手続	0	1	1	2	1	5
入会拒否・再発行拒否	0	0	0	2	0	2

（注：92 年度の海外利用関連件数の計は、計算すると 18 件となり数字が合っていない）

---

[78] 注（77）参照。

国民生活センターで、1992（平成4）年度と1993（平成5）年度に受け付けたクレジットカードに関する相談を分析して〔図 10〕のように類型化している。
　信用供与（カードの発行・更新）時とカードの使用（ショッピング・キャッシング・ローン）時、返済・督促時に加えて個人情報の漏洩を類型化している。

信用供与（カードの発行・更新）	カードが発行されない	トラブルを起こしていないのに	自分の信用情報を調べたい
		信用情報機関で問題がなかったのに	
		ブラックリストに載っているからと	
	不正発行	他人に名義冒用でカードを作成された	支払請求を受けている
	更新されない	支払期日にわずか10日遅れただけで	
カードの使用（ショッピング、キャシング、ローン）	金利が高い		
	家族のキャッシング等で困っている	家族の借金の返済の肩代わり	家族が借金できないようにする方法を知りたい
		精神的病気の者のキャッシング	支払は親がすべきか
	他人が無断使用	知人に貸与・無断使用	・名義人の支払の可否
		家族が無断使用	・使用分の請求の可否
	他人が不正使用	紛失・盗難され不正使用	名義人の支払の可否。
		不正受領され不正使用	・保険で補償されないケースといわれた
		サラ金業者など業者の不正使用	
		利用した覚えのないものの請求受ける	
	その他	ショッピングで利用手数料取られる	
		販売店で他人のカードと取違えられた	
返済・督促	多額・多重債務	返済困難	債務整理か自己破産したい
			低利で貸してくれる公的機関はないか
	滞納	一括返済を求められる	分割払いは無理か
			延滞したい
	督促	強引な取立	
		裁判所からの支払命令	
		名義人が行方不明などのため親に督促	
	保証人		
個人情報の遺漏	カードでショッピングした途端電話勧誘やDMが増えた		遺漏禁止の法律はないか

（国民生活センター『消費生活相談処理ガイド　クレジットカードの知識＆実践例』38頁をもとに作成）

図 10　クレジットカードに係る相談の類型

　また、国民生活センターでは、サービス比較情報[79]の提供の一環として、まず1997（平成9）年3月には、クレジットカード会社へのアンケート調査を中心とした『クレジットカード－銀行系，信販系，流通系のショッピング機能を中心に－』[80]という冊子を発行した。この冊子は、新聞等で紹介されたこともあり、また消費者の立場からの入門書的なものがなかったことなどから手希望が多く寄せられ、何回か増刷されて一般にも販売された。

　さらに、国際クレジットカード関連の消費生活相談の増加を踏まえ、1999（平成11）年3月には『選ぶ、使う「国際クレジットカード」』[81]という冊子を発行したが、これは国際クレジットカードの仕組み、チャージバック制度について紹介したものである。

3．2000年代前半におけるトラブル状況

　2000年代前半におけるクレジットカード関連の消費生活相談の状況について、国民生活センターが、2005（平成17）年4月に記者発表用資料として、「身近に起こるクレジットカードトラブル－カードの管理、こんなことにも気を付けて－」をまとめている。

　ＰＩＯ－ＮＥＴによって収集した全国の消費生活センター等に寄せられたクレジットカードに関する消費生活相談は、2000（平成12）年度から2004（平成16）年度の12月31日までの約5年間で累計53,327件あった。その年度別推移は、〔図11〕のとおりである。

　このとりまとめでは、以下の5件の相談事例を紹介している。

〔事例1〕未成年でも高額な決済が可能なオンラインゲーム

　　中学生の息子が、無断で親のクレジットカードを使ってオンラインゲーム

---

[79] 現在は、サービス比較情報シリーズは、発行されていない。
[80] 国民生活センター『比較情報　クレジットカード－銀行系、信販系、流通系のショッピング機能を中心に－』1997（平成9）年3月。筆者が担当して作成したもの。
[81] 国民生活センター『選ぶ、使う「国際クレジットカード」』1999（平成11）年3月。これも、筆者が担当して作成したもの。

に 30 万円を課金していた。

〔事例 2〕親権者の同意のないカード

　未成年の大学生の息子が親の同意を得ずにクレジットカードを作成し、複数の出会い系サイトの契約をして 20 万円を超える請求が来たという。

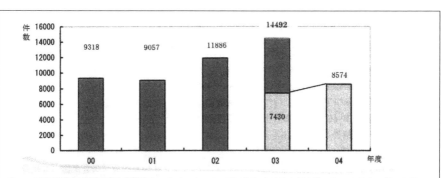

※1　PIO-NET（全国消費生活情報ネットワーク・システム）に２０００年４月１日～２００４年１２月３１日までに登録されたクレジットカードに関する相談件数である。以下は、これを基に分析した。
（図・表については９頁以降に掲載）

※2　クレジットカードに関する相談件数には、支払手段をカードにしたものやキャッシングの問題、その他にクレジットカードの入退会等のクレジットカードの制度に関する相談が含まれている。

（記者発表資料、２頁より引用）

図 **11**　クレジットカードに関する相談件数の推移

〔事例 3〕カード退会後に不正使用され請求が来たタクシー会社

　電話で解約を伝えたカードをそのまま財布に入れていて車上荒らしに遭って盗まれ、タクシー代の請求が来た。

〔事例 4〕通信業者を名乗ったフィッシング詐欺

　通信業者から来たＩＤの再契約のメールに入力して返送した。フィッシング詐欺の話を聞いてカードの利用を停止したが、50 万円を超えるオンラインショッピング利用の請求が来た。

〔事例 5〕内容を理解していない高齢者への入会の勧誘

認知症の 80 歳の父宛にクレジットカード会社から書類が届き、カードの勧誘

を受けていることがわかったが、不満だというもの。

　この5例を受けて、以下の5項目の問題点と対策をあげている。

　まず、「インターネット上の通信販売では、カード利用の際に本人確認が不十分な場合がある」として、ネット上では名義が本人のものであるかを確認することが難しいとし、「パスワード等による本人確認の措置を早急に講じる必要がある」としている。

　次に、「親権者の同意がなくても高額な取引ができてしまう未成年者取引」をあげ、ネット上では親権者の同意を得る方法について課題があるとし、消費者教育の必要性を指摘している。

　第3に、〔事例3〕を受けて、「退会を届けても、オンラインのクレジットカード端末の無いところでは不正使用される可能性がある」としている。事例では、クレジットカード会社に電話で退会を申し出た際、「クレジットカードははさみで切るように」と説明されていたが、それだけではなく「放置しておくと不正使用される危険性があること」の消費者への注意喚起を要望している。

　第4は、〔事例4〕を受けて、「カード情報を騙し取る『フィッシング詐欺』[82]の被害」をあげている。〔事例4〕は、チャージバック制度[83]で救済されたが、同制度や保険の適用によって救済される場合もあるので、身に覚えのない請求に関してはカード会社にその旨をきちんと申し出るよう注意喚起している。

　最後に、〔事例5〕を受けて、「クレジットカードの申し込みの際に高齢者への説明が十分ではない」ことをあげている。

　そして、消費者へのアドバイスとして、クレジットカード関連業界団体[84]に「クレジットカードの不正使用等のトラブル防止のため、以下の対策を傘下クレジ

---

[82] メールやＨＰで事業者を装って消費者の情報を入力させて情報を入手して金銭を詐取する詐欺の手口。
[83] チャージバック制度については、29頁参照。
[84] 当時の関連団体である社団法人日本クレジット産業協会、社団法人日本信販協会、日本クレジットカード協会の3団体。

ット会社に指導すること」として、以下を要望している。

① インターネット上でのカード決済について、本人確認ができるシステムにすること。

② インターネット取引においては、レシート等が悪用される可能性があることから、販売店でのレシートや売上票へのカード会員番号の非表示等を徹底[85]すること。

③ スキミングや偽造による不正使用等の防止のため、ＩＣカード化の普及促進を図ること。

④ 高齢者をはじめ申込者に対しては、契約内容を十分に説明し、契約意思の確認を行うこと。

⑤ カードの利用停止の申し出の際に、カードの切断だけでなく、不正使用の危険性があることを注意喚起すること。

　この記者発表資料の公表後のクレジットカード関連トラブルについての国民生活センターによる取りまとめは、不正使用関連のトラブルへと移行していく。

　この間、月刊『国民生活』では、2006（平成 18）年にクレジットの特集[86]をしているが、ほとんどが個品割賦購入あっせん関連の問題[87]である。この特集の中で注目されるのが、圓山茂夫「消費生活センターにおけるクレジット関連相談と対応」の中で、「カード事業者の分化と決済代行業者」として、決済代行業者の当時の状況を説明し、登録制にすべきとの問題提起をしていることである。以下の図が、その後多くの資料に引用されている[88]。

---

[85] 日本クレジットカード協会は、個人情報保護のために売上票に記載されるクレジットカードの会員番号 16 ケタのうち下 4 桁だけを表記することやカードの有効期限の表示をしないことなどを加盟店（販売店）に指導している。（2004 年 12 月から）。

[86] 月刊『国民生活』2006 年 8 月号特集：消費者被害を深刻化させるクレジット問題

[87] 国民生活センター情報分析部「ＰＩＯ－ＮＥＴにみるクレジット相談の傾向」では、個品割賦購入あっせん関連の統計とトラブル事例だけを紹介している。

[88] 例えば、河上正二編『実践　消費者相談』商事法務・2009 年　210 頁等。

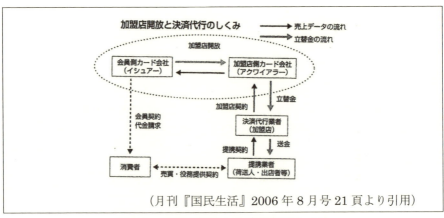

（月刊『国民生活』2006 年 8 月号 21 頁より引用）

図 **12**　加盟店解放と決済代行のしくみ

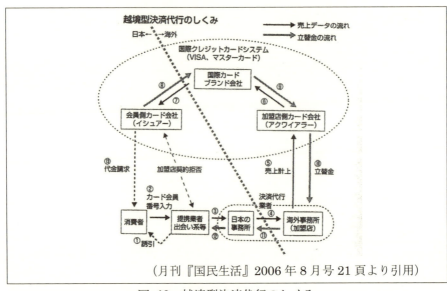

（月刊『国民生活』2006 年 8 月号 21 頁より引用）

図 **13**　越境型決済代行のしくみ

　2006（平成 18 年）年 9 月には、「クレジットカードのスキミング等の不正使用に関するトラブル」について、取りまとめを公表している。

　この後、2010 年までは特別なクレジットカードに関する消費者トラブルのまとまった報告は出されていない。

４．2010 年代以降におけるトラブル状況と啓発

（１）国民生活センターの取り組み

　2010（平成 22）年 4 月から、国民生活センターは、3 回（第 2 回 2010（平成 22）年 12 月、第 3 回 2011（平成 23）年 6 月）にわたって「『クレジットカード現金化』をめぐるトラブルに注意！」[89]を公表している。

　また、月刊『国民生活』2012 年 11 月号において「クレジットカード―知っておきたい基礎知識―」を特集し、この中で国民生活センター相談部「クレジットカード決済に関するトラブル」を紹介している。そこでは、以下のトラブル事例を紹介している。

・リボルビング払いに関するトラブル
・親の承諾なく未成年者がアイテム購入のためにクレジットカードを使ったオンラインゲームに関するトラブル
・サクラサイト商法のトラブル
・カード情報の盗用に関するトラブル
・通販サイトのＩＤ盗用に関するトラブル

　このうち、決済代行業者の問題をうきぼりにさせた、「サクラサイト商法」のトラブル事例と特徴を以下に引用しておく。

Case 3

<事例>（サクラサイト商法）
相談概要：携帯電話で内職情報を検索していたら「携帯電話があれば簡単にできる仕事を紹介する」というサイトを見つけたので、登録した。すると「800

---

[89] 「クレジットカードの現金化」とは、買取屋などと呼ばれる業者が消費者にクレジットカードのショッピング枠で商品等を購入させて、その商品等を業者が買い取ることで消費者に現金が渡るという手口。

万円を援助する」というメールが届いたのでやり取りを始めた。その後、お金を受け取るにはポイント購入が必要と言われ、さまざまな名目でポイントを購入し続け、合計数十万円をクレジットカードで支払ったがお金は振り込まれなかった。返金してほしい。（20歳代　女性）

特徴：最近、本事例のように悪質なサイトでもカード決済が利用できる。これまでコストや信用性の面でカード会社と契約できなかった個人事業主や悪質サイトでも、海外加盟店となっている決済代行業者と契約することでカード決済を利用できるようになった。その結果、悪質なサイトなどでも「携帯電話やパソコン上の画面で決済ができる」「24時間支払うことができる」という環境が整ってしまう。サイトに請求されるままに支払いを続け、気づいたときには高額な被害となるケースもみられるので注意が必要である。

（月刊『国民生活』2012年11月号12頁より引用）

　次に、月刊『国民生活』は、2015年12月号で「割賦販売法改正に向けての課題と今後の展望」を特集し、国民生活センター相談情報部「クレジットカード取引における消費者トラブルの現状と今後の課題」において、相談内容を①違法な取引の可能性が高い、②本来予定された販売・役務提供の不履行、③事業者による説明と提供された商品・役務との相違、④サクラサイトの疑いのある出会い系サイト、⑤その他と分類し、2009（平成21）年から2014（平成26）年にかけての変化を以下のように分析している。

・①は、2009（平成21）年の事例にはみられないが、2014（平成26）年には、若干の事例がみられた。

・全体の構成比率をみると、④がやや減少し、⑤がやや増加したが、いずれの年も①～③が5割以上を占めていた。

　さらに、『国民生活』2015（平成27）年8月号から2016（平成28）年5月号まで、山本コンサルタンツ代表の山本正行氏による「キャッシュレス決済入門」の連載が掲載されている。この連載では、最近の決済の多様化に対応して、

国際クレジットカードの仕組み、デビットカード、国際プリペイドカード、携帯端末でできる決済に加え、関連法、相談を受けるための心構えについて書かれている。

（２）消費者委員会の調査

　消費者委員会は、最近のクレジットカードに関する消費者トラブルの増加に注目し、最近のクレジットカード取引に関する消費者問題についての調査を行い、それを踏まえて 2014（平成 26）年 8 月に建議[90]を行った。

　その調査報告である「クレジットカード取引に関する消費者問題についての調査報告」（2014（平成 26）年 8 月）において、詳細な分析が行われている。

　クレジットカードに関する消費生活相談件数の推移は、本章の最初の図のとおりである、このうち 2013（平成 25 年度分）の相談内容が「契約・解約」「販売方法」に分類されている相談の主な内容別件数（マルチカウント）をみると、「連絡不能」（5,345 件）、「不当請求」（「架空請求」「ワンクリック請求を含む」）（4,494 件）、「説明不足」（4,183 件）、「詐欺」（3,684 件）、「約束不履行」（2,630 件）、「虚偽説明」（2,506 件）、「強引・強迫」（2,454 件）等が多く販売業者等の悪質な行為が原因と考えられると分析している。

①決済代行業者を介在した取引に関するトラブル

　三菱 UFJ リサーチ＆コンサルティングの 2013（平成 25 年）の決済代行業者の実態調査報告書[91]をもとに、PIO-NET に 2009（平成 21）年度から 2011（平成 23 年）度に登録された決済代行業者を介在したクレジットカード決済に係る消費者トラブル 9,641 件を分析している。

　取引形態では、「通信販売」が 9,255 件（96.0％）を占めている。内訳として、有料メール交換が 7,487 件（77.7％）と多く、その他では情報商材、アダルトサイト、攻略法詐欺などである。

---

[90] 建議の内容については、114 頁参照。
[91] 三菱 UFJ リサーチ＆コンサルティング「平成 24 年度商取引適正化・製品安全に係る事業（決済代行業等に関する実態調査）最終報告書」（平成 25 年 3 月）。

②マンスリークリア（翌月一括払い）取引に関するトラブル

　主なクレジットカード取引のうち、2か月を超える支払い方法については、割賦販売法の「包括信用購入あっせん」として、販売業者等とのトラブルがあった場合のクレジットカード会社への支払停止の抗弁などが規定され法律上一定の消費者保護が図られているが、マンスリークリア取引に関しては、法律上の規定はほとんどない[92]。

　最近増加しているインターネット上のクレジットカード決済をめぐる消費者トラブルでは、マンスリークリア取引が主流であり、また、ネット上以外の取引においても包括信用購入あっせんに関する法規制が厳しくなったことなどから、マンスリークリア取引に関するトラブルが急増している。〔図 14〕は、PIO-NET に入力されている消費生活相談の「分割払い等」と「翌月一括払い」（マンスリークリア）の支払方法別にみたクレジットカードに関する件数の推移である。2012（平成 24）年度以降分割払い等[93]を上回り、2013（平成 25）年度には約 30,000 件となっている。

　相談内容としては、「不当請求」、「詐欺」、「約束不履行」などであり、出会い系サイトに関する相談件数は減少傾向にあるが、それ以外の相談件数（特に、マンスリークリア取引に関する相談件数）が急速に増加している。

---

[92] 2008（平成 20）年改正で、クレジットカード情報の管理規定の対象にはなっている。

[93] 「包括クレジット」に該当する取引に関するもの。2009（平成 21）年度以前は、「総合割賦」の件数。また、翌月一括払いも 2009（平成 21）年度以前は、「翌月一括・ボーナス一括」の件数。

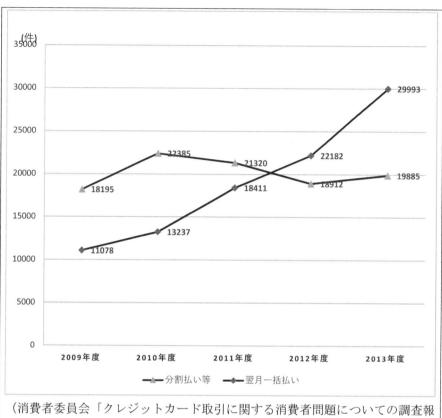

（消費者委員会「クレジットカード取引に関する消費者問題についての調査報
告」21頁をもとに作成）

図 **14**　支払方法別クレジットカードに関する消費生活相談件数の年度別推移

　「不当請求」等の消費生活相談においては、イシュアーが一時的に支払請求
を止めることがあるが、トラブル解決そのものについては、直接アクワイアラ
ー、決済代行業者、販売業者等と交渉するように求め、その結果一定期間に解
決に至らないとイシュアーから消費者に請求が再開される。

③リボルビング払いに関するトラブル

　消費者への説明や情報提供の不足が原因となっている、クレジットカードの

リボルビング払いの消費生活相談が増加している。

　消費者委員会の調査報告[94]では、PIO-NET に入力された全国の消費生活センター等に寄せられたクレジットカードのリボルビング払いに関する消費生活相談件数は、2008（平成 20）年度は、283 件だったものが、2010（平成 22）年度には 547 件、2013（平成 25）年度には 664 件と急増している[95]。

　リボルビング払いの消費者トラブルに関しては、国民生活センターが、「『ポイントがお得！』と強調されて作ったら、リボ払い専用カードだった」という記者発表資料を 2014（平成 26 年）3 月 27 日に公表している。この資料では、以下の事例が紹介されている。

〔事例〕店頭で勧誘されるまま入会し、ポイント特典が受けられるクレジットカードをつくった。後日、請求書を確認したら、リボルビング払い専用だと気付いた。知っていたら入会しなかった。

　消費者委員会は、このリボルビング払いに関する消費者トラブルに関しては、クレジットカード取引に関する消費者教育および情報提供等の必要性を指摘している[96]。

---

[94] 消費者委員会・前掲注（57）。
[95] リボルビング払いに関する相談は、クレジットカードのショッピング利用で、リボルビング払いを利用している（利用予定を含む）とわかった相談のうち、「金利・利息」「手数料」、「説明不足」、「多重債務」の相談。
[96] 114 頁参照。

Ⅴ．クレジットカード取引関連特別法

１．主なクレジットカード取引関連特別法とその経緯

わが国には、クレジットカードに関する包括的な法律はない。

クレジットカードに関連する法律として、ショッピング関連の決済に関しては割賦販売法が、キャッシング（貸金）に関しては貸金業法と出資法があり、この3つの法律がクレジットカードを直接規制する法律といえる。中でもショッピング関連の規制と民事ルールを規定する割賦販売法が最も関わりがある法律である。

これらのほか、ケースや場面によって、以下のような関連する法律が複数ある。もちろん、民法や刑法など一般法も関連するが、以下のように、さまざまな特別法があげられる。

〔主なクレジットカード関連特別法〕
・割賦販売法
・貸金業法
・利息制限法
・出資法（出資の受入れ、預り金及び金利等の取り締まりに関する法律）
・個人情報保護法（個人情報の保護に関する法律）
・本人確認法（金融機関等による顧客等の本人確認に関する法律）
・サービサー法（債権管理回収業に関する特別措置法）
・不正アクセス禁止法（不正アクセス行為の禁止等に関する法律）
・資金決済法（資金決済に関する法律）
・外国為替及び外国貿易法など

主な関連法を歴史的にみると、まずは、1961（昭和36）年に割賦販売法が立法された。当初は、割賦流通秩序の保護を目的とした法律であったが、1972（昭和47）年改正で購入者を保護することも目的とし、消費者保護法としての性格

も持つようになり、その後の複数回の改正により徐々に消費者保護法としての性格が強くなり、2008（平成20）年の改正により、消費者保護法としての地位が確定的なものになったといえる。

　クレジットカード関連の経緯としては、まず、1959（昭和34）年に当時の通商産業大臣から出された「百貨店の割賦販売の自粛」通達がある。これは、中小小売商団体を保護するため、信販業界による分割払いのクレジットカードの前身である百貨店クーポンの発行を本店所在地域内に限定するというものであった。1961（昭和36）年に割賦販売法が立法され、登録制による参入規制が導入されて二重の規制となった。また、1977（昭和52）年の大企業の事業活動分野法附帯決議による銀行系カードの総合割賦参入規制、1979（昭和54）年の特定大型小売業者の割賦販売自粛通達による百貨店、スーパーマーケットのハウスカードの発行規制などがあった。1984（昭和59）年の割賦販売法の改正の際にも銀行系カードの参入規制が附帯決議されている。

　1984（昭和59）年に銀行法が改正され、クレジットカード業務が銀行の付随業務から周辺業務になったことから、従来はできなかった銀行本体によるクレジットカードの発行業務が可能となった。また、銀行系クレジットカードでは、分割払いができなかったが、規制緩和により銀行法が改正され、1992（平成4）年からは、リボルビング払い[97]が、2001（平成13）年からは、均等分割払いができるようになり、支払方法に関する利便性については差がなくなった。

　銀行系クレジットカードは、銀行を所管する大蔵省→金融庁が所管し、信販系クレジットカード等それ以外のクレジットカードは、通商産業省→経済産業省に分かれて所管してきたことから、複雑な経緯をたどっている。

---

[97] リボルビング払いの導入の経緯については、藤森正敏「リボルビング規制の緩和と消費者」月刊『国民生活』1989年8月号18頁以下参照。

2．割賦販売法

（1）割賦販売法の立法と改正の経緯

　割賦販売法は、クレジットカードのショッピング等の決済について直接規制し、クレジットカード関連法の最も代表的なものである。

　割賦販売法は、「取引の健全な発達を図るとともに、購入者等の利益を保護し、あわせて商品等の流通及び役務の提供を円滑にし、もって国民経済の発展に寄与すること」を目的とする（1条）としている。

　割賦販売法は、消費者保護法としての色彩を強めて、40回以上の改正を経て現在に至っているが、非常にわかりにくく読みにくい法律である。条文の枝番等も多いこともあるが、表現もわかりにくい。

　割賦販売法において、クレジットカードは、「それを提示し若しくは通知して、又はそれと引き換えに、商品若しくは権利を購入し、又は有償で役務の提供を受けることができるカードその他の物又は番号、記号のその他の符号」（2条1項2号）と定義されている。プラスチックのカードを発行せず番号だけが与えられるものもあるなどの理由で、このような表現になっている。

　割賦販売法は、1961（昭和36）年に割賦流通秩序の保護を目的に立法された。このときは、消費者（購入者）の保護は目的になっていなかった。当時は、家電製品等を「月賦（げっぷ）」で購入する時代であった。この立法時の割賦販売法は、前払いも含む割賦販売といわゆるチケット販売を「割賦購入あっせん」として規制したものであった。「2か月以上にわたる3回以上の分割払い」を「割賦」とし、対象となる商品については、定型的に販売される大量生産品を政令で指定していた。

　1972（昭和47）年改正で、割賦販売にクーリング・オフ制度、損害賠償の制限規定などが規定され、目的規定にも購入者の保護が入り、消費者保護法となった。この改正で導入されたクーリング・オフ制度は、わが国で初めて法制化

された[98]ものであり、当時は、その期間は 4 日間であった。この改正に関して、クーリング・オフ制度の導入が特に注目されてきたが、損害賠償額の制限規定は近時の消費者保護法の契約ルールを先取りした画期的なものであったといえる。また、この改正で、「ローン提携販売」と「前払式特定取引」を規制対象にし、「割賦購入あっせん」について、チケットやカードなどの証票をあらかじめ発行するものが含まれるよう定義を改正した。

1984（昭和 59）年の改正で、「個品割賦購入あっせん」が「割賦購入あっせん」の類型のひとつとして規定[99]され、「割賦購入あっせん」に関して抗弁の接続（当時の 30 条の 4）が規定された。消費者トラブルとしては、圧倒的に個品割賦購入あっせんのトラブルが多かったが、総合割賦購入あっせんについても、同様に抗弁の接続規定が導入された。また、クーリング・オフ期間が 4 日から 7 日に延長された。

1988（昭和 63）年には、訪問販売法[100]が大幅に改正されたのにともなって、割賦販売法も改正され、クーリング・オフ期間が 7 日から 8 日[101]に延長された。

2008（平成 20）年の改正は、割賦販売法が全体にわたって消費者保護法となる改正であったと評価できる。この改正で、「割賦購入あっせん」は、「信用購入あっせん」となり、従来は「2 カ月以上かつ 3 回以上の分割払い」を割賦としていたが、「2 カ月を超える」となり、ボーナス 1 回払い等、2 か月を超える 1 回払い、2 回払いも対象にされた。「割賦販売」と「ローン提携販売」は指定商品制が維持されたが、「信用購入あっせん」については、指定商品制から原則適用制へと転換された。また、過剰与信の防止のための制度や「個別信用購入あ

---

[98] イギリスの消費者保護委員会（モロニー委員会）がまとめた報告書をもとに立法された賃貸借法の制度などを参考に導入したとされている。

[99] 「割賦購入あっせん」は、あらかじめ証票等を発行する「総合割賦購入あっせん」と「個品割賦購入あっせん」の 2 つの類型になったが、総合割賦購入あっせん業者は当時登録制であったが、個品割賦購入あっせん業者には登録制は取られなかった。

[100] 「訪問販売等に関する法律」。

[101] それまでは、1 週間を 7 日として 7 日間であったが、7 日目が週末になると行使が困難になるなどの問題に対応し、8 日間に延長された。

っせん」についても登録制が導入されたほか、特定商取引法[102]で規制されている 5 取引[103]についての個別クレジット契約自体のクーリング・オフ制度、不実告知等の取消権、訪問販売の過量販売解除権などが付与された。また、クレジットカード番号等の管理についての規定も設けられた。

以上のような主な消費者保護のための改正の他、1962（昭和 37）年、1965（昭和 40）年、1968（昭和 43）年、1973（昭和 48）年、1976（昭和 51）年、1978（昭和 53）年、1999（平 11）年、2001（平成 13）年などにも部分的な改正がなされている。

そして、2016 年に、近時の関連トラブルの増加に対応し、加盟店のセキュリティ対策義務やアクワイアラー等への加盟店調査義務を導入する改正法が 12 月 2 日に成立、9 日に公布され、公布から 1 年 6 か月以内に施行されることになっている。

（2）現行割賦販売法の対象取引

現行の割賦販売法の対象となっている取引は、以下のとおりである[104]。
・「割賦販売」
・「ローン提携販売」
・「信用購入あっせん」
　「包括信用購入あっせん」（「包括クレジット」）
　「個別信用購入あっせん」（「個別クレジット」）
・「前払式割賦販売」
・「前払式特定取引」

（3）現行の割賦販売法によるクレジットカード規制と民事ルール

割賦販売法の対象取引のうち、クレジットカードに関連するのは、「割賦販売」（自社割賦）、「ローン提携販売」、「信用購入あっせん」の「包括信用購入あっ

---

102 「特定商取引に関する法律」。
103 「訪問販売」「電話勧誘販売」「特定継続的役務提供」「連鎖販売取引」「業務提供誘引販売取引」の 5 取引。
104 所管官庁である経済産業省の考え方については、経済産業省編『逐条解説割賦販売法』が改正ごとに発行されている。最新は平成 20 年度版である。

せん」であるが、ここでは、「割賦販売」と「包括信用購入あっせん」、さらにクレジットカード番号の保護規定を中心に紹介する[105]。

①割賦販売（３条〜２９条、定義は２条１項）

「割賦販売」とは、いわゆる自社割賦のことであり、販売業者が与信業者も兼ねる二者間取引である。「割賦販売」は、立法当初から規制されていたが、前払いのものと後払いのものがある。「割賦」であり、２カ月以上かつ３回以上の支払い条件の取引で、指定商品制[106]が維持されているので、対象となるのは政令[107]で指定された商品等である。

クレジットカード取引については、均等分割払いのほか、リボルビング払いも対象となる。

規制としては、割賦販売条件の表示や書面交付義務などがあり、民事ルールとしては、契約解除の制限や損害賠償額の制限などがある。

「割賦販売」の訪問販売などは、特定商取引法の対象となり、例えばクーリング・オフ制度は、特定商取引法の訪問販売のクーリング・オフ制度（９条）が適用される。

②包括信用購入あっせん（３０条〜３５条の３、定義は２条３項）

2008年（平成20）年改正で、それまでの「割賦購入あっせん」が「信用購入あっせん」に変更され、改正前の「割賦購入あっせん」では、「総合割賦購入あっせん」と「個品割賦購入あっせん」が一括して規定されていたが、改正後は「包括信用購入あっせん」と「個別信用購入あっせん」とが別々に規定されている。

「包括信用購入あっせん」（以下、「包括クレジット」）は、「それを提示し若

---

[105] ローン提携販売のクレジットカードは、ほとんどみられない。

[106] 2008（平成20）年改正で包括信用購入あっせん取引は、指定商品制から原則適用制に変更されたが、「割賦販売」「ローン提携販売」については、指定商品制が維持されている。

[107] 政令１条。

しくは通知して、又はそれと引き換えに、商品若しくは権利を購入し、又は有償で役務の提供を受けることができるカードその他の符号」（2条1項2号）と定義されている。弁済金の支払いについては、均等分割払い、2カ月を超えるボーナス払い、リボルビング払い、カードレス取引がある。

割賦販売法が消費者法としての最も大きな改正が行われた2008（平成20）年に名称も含めて消費者保護のための大幅な改正がなされたので、以下では、それを中心に説明する。

まず、行政規制としては、開業規制としての登録制、過剰与信防止義務、書面交付義務がある。また、民事ルールには、支払い停止の抗弁、不当な条項関連の規定がある。

ア　開業規制（登録制）

包括クレジットには開業規制があり、業として行うには、経済産業省に登録する必要がある（31条）[108]。申請書、添付書類に虚偽の記載があったり、登録の拒否事由（33条の2第1項）に該当したりする場合は、登録は認められないとされている（33条の2）。

イ　過剰与信の防止

2008（平成20）年改正前の割賦販売法は、過剰与信の防止に関しては、38条[109]に訓示規定を置いているのみであった。

---

[108] 一方、「個別信用購入あっせん」については、改正前は特に開業規制はなかったが、2008（平成20）年改正で登録制が導入された。

[109] 改正前の38条。（支払い能力を超える購入の防止）「割賦販売業者、ローン提携販売業者及び割賦購入あっせん業者（以下、「割賦販売業者等」という。）は、共同して設立した信用情報機関（購入者の支払能力に関する情報（以下「信用情報」という。）の収集並びに割賦販売業者等に対する信用情報の提供を業とする者をいう。以下同じ。）を利用すること等により得た正確な信用情報に基づき、それにより購入者が支払うこととなる賦払金等が当該購入者の支払能力を超えると認められる割賦販売、ローン提携販売又は割賦購入あっせんを行わないよう努めなければならない。」。

Ⅴ．クレジットカード取引関連特別法

　改正後の過剰与信防止義務（適正与信義務）の基本的な流れは、以下の通りである。調査は、本人の自己申告と指定信用機関の利用を基本としている。

　30条の2で包括支払可能見込額の調査、30条の2の2で包括クレジット契約の締結の禁止を以下のような内容で規定している。

【支払可能見込額の調査】

調査時点…クレジットカード交付時、極度額（利用限度額）の増額時、更新時

調査項目…年収、預貯金、信用購入あっせんに係る債務の支払いの状況、借入の状況のほか、包括支払可能見込額の算定に影響を与える事項であって客観的に判断することができるもの

【支払可能見込額の算定】

支払可能見込額調査で得られた情報を基に、クレジットカード会社が算定する。その際、生活維持費、居住用資産は除外される。その結果、

> 極度額＜支払可能見込額×経済産業大臣が定める割合⇒契約締結可能
>
> 極度額＞支払可能見込額×経済産業大臣が定める割合（0.9）
>
> ⇒契約の締結禁止等

となる。その際、消費者の保護に支障を生ずることがない場合も除外される。

　支払可能見込み額の具体的な算定（支払可能見込額の算定方法、生活維持費の算定方法）と関連項目は、以下のとおりである。

【基本的な算定】

　自己申告に基づく収入、指定信用情報機関等からの情報に基づくクレジット債務の額、世帯人数・持家の有無等を勘案して算定した生活維持費の額等により算定。

　支払可能見込み額　＝（年収＋預貯金）－（生活維持費＋年間債務返済額）

【特例的算定】

専業主婦等…主として配偶者の収入により生計を維持している者であって、年収が103万円以下であるもの

学生、老親等…二親等内の親族の収入により生計を維持している者

共働きの夫婦等…その収入および配偶者の収入により生活を維持している者

表 5　基本的な算定の基準となる生活維持費

（万円）

全国平均		4人以上世帯	3人世帯	2人世帯	1人世帯
持家あり	年	200	169	136	90
持家なし	年	240	209	177	116

（統計に基づいた基準）

【消費者の保護に支障を生ずることがない場合】（省令43条1項）

・極度額30万円以下カードの発行等または限度額30万円で増額する場合

・消費者からの求めで限度額を一時的に増額する場合

・更新時、自社の包括クレジット債務が5万円未満の場合

・カード等の付随カード等を法により定められた極度額の範囲内で交付・増額する場合

・カード等の紛失等で再発行する場合

　利用限度額（極度額）30万円というのは、一般的な限度額（作成時としては比較的高い）であり、この金額に設定する意味は薄い。

　割賦販売法における過剰与信防止義務における支払い可能見込み額の調査は、自己申告であって貸金業法の規制よりも緩く、これがクレジットカードの

ショッピング枠の現金化のトラブルの原因のひとつになっている[110]。

ウ　書面交付義務

　包括クレジット取引が複雑で長期にわたる取引であることなどから、消費者に利用条件や内容を明確にするために、書面の交付が義務付けられている。

〔カードの発行時〕（30条）

　クレジットカードの交付時（カードレス取引の場合は、会員番号、暗証番号等の付与時）に交付が義務付けられている書面の記載事項は、以下の通りである。

≪分割払い式カード≫（1項）
・支払期間と支払回数
・省令で定める方法により算出した手数料率
・支払総額の具体的算定例
・極度額についての定めがあるときは、その金額
・カード等の利用に関する特約があるときは、その金額
・カード等の利用に関する特約があるときはその内容

≪リボルビングカード≫（2項）
・弁済すべき時期、弁済金の額の算定方法
・省令で定める方法により算出した手数料率
・弁済額の具体的算定例
・極度額（利用限度額）に定めがあるときは、その金額
・カード等の利用に関する特約があるときはその内容

---

[110] 村千鶴子『国民生活より誌上法学講座－割賦販売法を学ぶ－』（国民生活センター・2012 年）42 頁も同趣旨。

〔**カード利用時（クレジットカード会社）**〕（30条の2の3）

≪**分割払い式カード**≫（1項）

・支払総額
・各回の支払額、支払時期、方法
・クレジットカード会社の名称および住所または電話番号
・販売業者の名称
・契約年月日
・支払回数
・問合せ、相談ができる機関の名称および住所または電話番号
・クレジットカード会社に対する抗弁に関する事項
・包括クレジット契約の解除に関する定めがあるときは、その内容
・支払時期の到来していない支払分の支払請求についての定めがあるときは、その内容
・その他特約があるときは、その内容

≪**リボルビングカード**≫（2項）

・現金販売価格
・弁済金の支払方法
・クレジットカード会社の名称及び住所または電話番号
・販売業者の氏名
・契約年月日
・問合せ、相談ができる機関の名称および住所または電話番号
・クレジットカード会社に対する抗弁に関する事項
・包括クレジット契約の解除に関する定めがあるときは、その内容
・支払時期の到来していない支払分の支払請求についての定めがあるときは、その内容
・その他特約があるときは、その内容

Ⅴ．クレジットカード取引関連特別法

〔販売業者の書面記載事項〕（30条の2の3第4項）

・現金販売価格
・商品の引渡し時期若しくは権利の移転時期、または役務の提供時期
・契約の解除に関する事項
・販売業者の名称および住所または電話番号
・契約年月日
・商品名
・商品の商標または製造者および機種または型式
　権利または役務の場合は、その種類
・商品の数量
　権利または役務の場合は、その回数もしくは期間
・問合せ、相談ができる機関の名称および住所または電話番号
・商品または指定権利の販売の条件となっているときの役務の内容・提供時期、
　その他役務に関する事項
・指定権利の販売または役務の提供の条件となっているときの商品の内容・引
　渡時期、その他商品に関する事項
・商品の販売または役務の提供の条件となっているときの権利の内容・移転時
　期、その他権利に関する事項
・商品に隠れた瑕疵がある場合の責任についての定めがあるときは、その内容
・その他特約があるときはその内容
・販売契約が連鎖販売個人契約または業務提供誘引販売個人契約であるときは、
その旨

〔クレジットカード会社の支払い請求時の書面記載事項〕（30条の2の3第3項）

≪リボルビングカード≫

・弁済金の支払時期
・支払うべき時期に支払われるべき弁済金の額およびその算定根拠

エ　抗弁権の接続

　包括クレジットの支払い停止の抗弁は、従来どおり30条の4に規定されている。リボルビング払いの場合は、30条の5に準用規定が置かれている。いずれも強行法規であり、これに反する特約は無効となる。

　抗弁の接続とは、販売業者等に対して生じている事由をもって、包括クレジット会社に対抗できるというものである。「商品が引き渡されない、商品に欠陥があった、取消事由があるなどの場合」に弁済金の支払いを停止できる。その際、抗弁のための書類がクレジットカード会社から送られてくるので、それに記載して提出する。

　包括クレジットにおける抗弁の接続は、その月のクレジットカードの利用全体におよぶといったものではなく、個々の商品の購入やサービスの契約についての抗弁となっている。

　リボルビング払いの場合は、「みなし充当計算」の方式を定め、支払い停止の対象となる支払いに相当する金額を明確にするようにしている。

　割賦販売価格が4万円未満の取引、リボルビングカードでは現金価格が3万8,000円未満の取引については、支払い停止の抗弁の適用は除外されている。
（政令21条）

　抗弁事由は、まず販売業者に対する抗弁事由は、販売業者に対して生じている抗弁事由は、原則として、全てである。

オ　契約解除等の制限と損害賠償の制限

　割賦販売法が消費者保護規定を初めて導入した、1972（昭和47）年の法改正におい「割賦販売」に「損害賠償の制限」が規定された。

　現行法では、契約条件について2つの規制を定め、これに反した不利な特約は無効としている。

V．クレジットカード取引関連特別法

〔契約解除等の制限〕（30条の2の4）

　契約の解除等の制限規定であり、消費者が1回でも1日でも支払いを怠った場合に契約を解除したり残金の全額を求めたりする消費者に不利益な取り扱いをすることを禁止するというものである。

　もともと、一般法である民法は、期限の利益の喪失について、第1に債務者が破産手続開始の決定を受けたとき、第2に債務者が担保を滅失させ、損傷させ、または減少させたとき、第3に債務者が担保を供する義務を負う場合において，これを供しないときの3事由に限定してこれを認めていた。

　しかし、民法の規定が任意規定であることから、1回でも期日に弁済がないときは、期限の利益を喪失させるという債務者に過酷な責任を課すことが取引慣行となった。このような債務者に過酷な責任を負わせる取引慣行を改めることを目指す割賦販売法のこの規定は、立法当時としては、画期的な意義を持つものであったといえる。

　消費者がクレジットカードの弁済金の支払いを怠った場合、当該金額について書面で20日以上の相当な期間を決めて請求を行うことを必要とし、この書面での請求にもかかわらず、書面で与えられた猶予期間に請求金額を支払わなかった場合でなければ、債務不履行による契約の解除をしたり、期限の利益を喪失（支払期限の来ていない残金全額を請求すること）させたりすることはできないとしている。

〔損害賠償の制限〕（30条の3）

　消費者は契約の定めに従った支払いをする義務を負っているので、契約内容に従った支払いをしなかった場合には、債務不履行責任を負う。しかし、一般法である民法が、損害賠償額の予定（違約金の定めを含む）について、行き過ぎた契約自由の原則を認めているため（民法420条）、従来は、損害賠償額の予定が、債務者にとって過酷な額が予定されるという慣行が行われてきた。金銭の支払いを目的とする契約において、債務不履行に基づく損害賠償は、契約で年利による利率を定めることによって処理されることから、カード約款に規定

が置かれている。

　この 30 条の 3（契約の解除等に伴う損害賠償等の額の制限）の規定は、先に述べた割賦販売法 30 条の 2 の 4（契約解除等の制限）が、民法の任意規定を強行規定化するものであるのに対して、民法自体が、民法 420 条（賠償額の予定）によって、行き過ぎた契約自由の原則に基づいて、債務者に過酷な責任を課しているのに対して、消費者保護の観点から、この原則を修正しようとするものである。消費者契約法 9 条（消費者が支払う損害賠償の額を予定する条項等の無効）が、抽象的な規定しか置いていないため、割賦販売法 6 条（契約の解除等に伴う損害賠償等の額の制限）の規定とともに、具体的な消費者保護の基準となっている点において、重要な意義を有している。

③クレジットカード番号用法等の適切な管理等（35 条の 16、17、49 条の 2）

　クレジットカード情報の漏洩事件[111]が多発し、その番号が不正使用される被害の多発等を受けて、そうした事態を防止するため、2008（平成 20）年改正で、クレジットカード番号等の適切な管理がクレジットカード事業者等に義務付けられ、罰則も設けられた。これにより、1 条の目的規定にも規定された。

　包括クレジットのカード及び割賦販売法の対象取引にはなっていないマンスリークリアカード（2 カ月以内の一括払い）が対象になっているが、割賦販売（自社割賦）のカード、ローン提携販売のカードは適用が除外されている。（マンスリークリアカードについては、35 条の 16 第 2 項で「2 月払い購入あっせん」と規定している）

　義務の主体は、包括クレジット業者、2 月払い購入あっせんを業とする者（マンスリークリア業者）、立替払取次業者（アクワイアラー）、つまり、イシュアーとアクワイアラーである。

　保護の対象の「クレジットカード番号等」とは、クレジットカードの「番号、

---

[111] 漏えい方法には、盗難用の他、スキミングやフィッシングなどさまざまなものがある。

記号その他の符号」（35 条の 16 第 1 項）とされており、クレジットカード番号
だけでも対象となるが、クレジットカード番号は、個人情報保護法の対象となっ
ていない。個人情報保護法の今回の改正でも、クレジットカード番号は、政
令で指定されず対象とはならない[112]。

　主体の自社における適切な措置のほか、加盟店、その委託先及び自社の委託
先にも必要な指導を講じなければならないとされている。（規則 133 条）

④加盟店調査義務等

　2008（平成 20）年改正で導入された。加盟店について、消費者から苦情が寄
せられた場合に加盟店調査をする義務がある。（30 条の 5 の 2、省令 60 条）

　この加盟店の調査は、イシュアーの苦情発生時の調査義務である。包括クレ
ジット業者は、消費者等から苦情を受けた時は、遅滞なく苦情原因を究明する
必要がある。イシュアーの加盟店の場合は、苦情内容を把握し、その内容が販
売契約等の申し込みまたは契約の勧誘をするに際し、加盟店が 35 条の 3 の 7 各
号の処理のために必要な事項の調査をしなければならないなどとしている。ま
た、アクワイアラー加盟店については、消費者等の利益の保護に欠けると認め
られるときは、苦情処理のために必要な事項を調査しなければならない等と規
定されている。

　現行法では、イシュアーには苦情発生時の調査が義務付けられているが、加
盟店と直接契約しているアクワイアラーには、調査義務は課せられていない。

　後述のとおり、2016（平成 28）年改正で、アクワイアラー、決済代行業者に
加盟店調査義務が導入された。

3．貸金業法、出資法等

　クレジットカードのキャッシングとローンについては、貸金業法によって規
制される。

　貸金業法は、立法時は「貸金業に関する法律」という名称で通称として「貸

---

[112] 板倉陽一郎「取引・決済における個人情報保護と改正法の影響」『Law&
Technology』74 号（2017 年 1 月号）35 頁。

金業法」とよばれていたが、2007（1995）年改正で「貸金業法」と改称された。

　それ以前は、1949（昭和 24）年に制定された「貸金業等の取締りに関する法律」があり、事前届け出制が取られていたが、実質自由であったため、いわゆる「サラリーマン金融」（以下、「サラ金」）が誕生し、1970 年代から急増、1970年代後半になりサラ金苦による自殺などが報道されて、大きな社会問題となった。

　立法当初は、いわゆるサラ金（サラリーマン金融、貸金専業者）を規制することが主眼であったが、クレジットカードのキャッシング・ローン機能も対象として意識されるようになった。

　貸金業法が、クレジットカードに最も大きな影響を与えたのは、2010（平成22）年に施行された総量規制の導入である。1 社で 50 万円、指定信用情報機関に照会して、他社に債務がある場合はそれと合わせて 100 万円以上の貸付を行う場合、源泉徴収票の提出を義務付けて、年収の 3 分の 1 を超える貸し付けは原則禁止となったことである。

　金利については、出資法、利息制限法が適用され、出資法により 20％を超える金利については刑事罰の対象となり、利息制限法により民事ルールが定められている。

Ⅵ. クレジットカード取引トラブルと法律問題

1. クレジットカード取引のトラブルの現状

　第Ⅳ章で、クレジットカード取引に関する消費者トラブルについて、消費生活センター等に寄せられた消費生活相談を中心にその経緯をまとめて概観した。

　初期のトラブルは、クレジットカード会社や販売業者による消費者の意思に基づかないクレジットカードの一方的な発行や個人信用情報の誤情報に関するものなどが多いのが特徴であった。しかし、近時の特徴的な問題は、悪質加盟店をめぐる問題、および、クレジットカードやカード情報を不正に入手した第三者による不正使用をめぐる問題などである。

　さらに、最近では、情報化の進展によるパソコンやスマートフォン等の普及に伴い、インターネットを介した消費者取引が増加し、簡便な決済方法としてクレジットカードが広く使われており、ネットを介したクレジットカードの不正使用のトラブルが多くなっている。

　ネット上の問題については、悪質な加盟店の問題とカード情報が不正に入手されて使用されたといった問題が主であるが、ネット上でのクレジットカード取引は、クレジットカードそのものを販売店等に提示するのではなく、クレジットカード番号等の情報を入力することでの取引であること、そのほとんどが、原則として割賦販売法が適用されないマンスリークリア（翌月一括払い）取引であることに大きな特徴がある。また、ネット上の取引の増加は、ネット上での情報の漏えい（窃取）の問題も引き起こしており、クレジットカード会社や加盟店のセキュリティ問題も深刻化している。

　販売業者等が与信業者でもある二者間のクレジットカード取引では、代金の後払いであるので、紛争が生じた場合も二者間での解決となるが、販売業者等とクレジットカード会社が異なる取引は、基本第三者与信型の取引となる。クレジットカード会社と会員である消費者との間では、クレジットカード会員契約が締結され、クレジットカード会員規約により契約内容が定められている。クレジットカード会社と販売業者等の間では、加盟店契約が締結されており、

　クレジットカード会員と販売業者等の間で売買契約等が締結されると、クレジットカード会社から代金が加盟店に支払われ、クレジットカード会員はクレジットカード会社に決められた方式で弁済金を支払うこととなる。

　クレジットカード代金のクレジットカード会社への支払いについての問題は、消費生活センター等における消費者トラブルの解決の場においては、悪質加盟店問題を中心に、加盟店である販売業者等との交渉が困難な場合に、クレジットカード会社に（アクワイアラーや決済代行業者の責任をどのように問うことにより）代金の支払い拒否や返金請求ができるかといった仕組みの問題を中心に、一方、裁判や法律論文においては第三者による不正使用問題を中心にクレジットカード会員規約の解釈の問題として検討されている。

　アクワイアラーや決済代行業者の法的責任をどのように整理すべきかについて、またマンスリークリア契約についての詳細な法的検討については、複合契約をめぐる問題として端緒についたところであり、本書では、特別法の立法に関連した提言に留めることにする。

　ここでは、第三者による不正使用問題に関するカード会員規約をめぐる法律問題と、悪質加盟店問題、マンスリークリア取引問題を中心に、複雑化しているクレジット取引の実態と現状を検証し、消費者トラブルの未然防止と救済に係る今後の課題について、立法課題等も含めて検討する。

２．不正使用をめぐる問題

（１）クレジットカードの法的性格と不正使用

　クレジットカード取引のショッピング部分を規律する法律として割賦販売法があるが、同法にはクレジットカードが第三者に不正使用された場合の責任についての規定はなく、この問題は、基本的にはクレジットカード会員規約によって処理されてきた。[113]

---

[113] クレジットカードの不正使用に関する基本的な法律問題を扱ったものとして、竹内昭夫「クレジットカードと消費者保護」ジュリスト **475** 号 **55** 頁（**1971** 年）『消費者信用法の理論』有斐閣（**1995** 年）に所収、松本恒雄「クレジット

　クレジットカード取引では、クレジットカード会員である消費者にクレジットカードを交付するのが通常であるが、クレジットカード会員規約上その際クレジットカードの所有権はクレジットカード会社にあるとして、会員には「善良な管理者の注意義務」が課されている。この善管注意義務を前提として、会員である消費者の責任を規定している。

（２）第三者による不正使用問題とクレジットカード会員規約

　クレジットカードをめぐる消費者トラブルとして、深刻なのは第三者による不正使用をめぐる問題である。不正使用に関する被害の発生状況は、2000（平成12）年の約308億円をピークに減少し、2012（平成24）年には約68億円と減少したが、2015（平成27）年には120億円と急増している。[114]

　クレジットカードの不正使用の類型には、およそ以下のようなものである。

カラム　**4**　クレジットカードのカードの主な不正使用類型

・会員が保有していたクレジットカードが、会員の家族（配偶者、子、親、兄弟姉妹等）、友人等によって無断使用された場合

・会員が保有していたクレジットカードを会員が紛失したり盗難にあったりで、他人に無断で使用された場合

・新規クレジットカードや更新クレジットカードが、会員に送達されずに他人に取得されて無断で使用された場合

・クレジットカード番号等のカード情報が盗まれて、クレジットカードが偽造されて使用された場合

・クレジットカード番号等のカード情報が盗まれて、ネット上で無断使用された場合

・その他、加盟店が不正使用した場合やクレジットカードを利用して現金化された場合等

カードの不正使用と利用限度額」法学セミナー478号72頁（1994年）など。
[114] 日本クレジットカード協会「クレジットカード不正使用被害の発生状況」
2016（平成28）年12月。
http://www.j-credit.or.jp/information/statistics/download/toukei_03_g_161228.pdf

　クレジットカードの会員規約において不正使用の際の会員の責任については、クレジットカード会社により、その内容は異なっている点もあるが、第三者による不正使用問題と関連する主な内容としては、①不正使用による損害は、偽造クレジットカードによる場合を除き、原則会員の負担となる、②カードの紛失・盗難にあった場合、速やかにカード会社に連絡し警察に届け出れば、届け出日から60日前以降の損害の支払いは免除される、③会員の故意または重過失によって発生した損害、会員の家族・同居人等会員の関係者によって不正使用された場合等は免除されない、④登録された暗証番号が使用された債務については、原則として、会員が負担するなどと概ね規定されている。

　具体例としては、以下のようなものがある。

カラム **5** クレジットカードのカード規約における不正使用関連条項の例

１．会員がカードの盗難、紛失等で他人にカードを使用された場合、そのカードの利用代金は本会員の負担とします。

２．前項において、会員が盗難、紛失等の事実をすみやかに当社に電話等により連絡のうえ、最寄りの警察に届け、かつ所定の喪失届を当社に提出した場合は、当社は本会員に対し、当社がその連絡を受付けた日の **60** 日前以降のカードの利用代金に係る支払債務（以下「対象債務」といいます。）を免除します。

３．前項にかかわらず次のいずれかに該当する場合、本会員の対象債務は免除されないものとします。

  1. 会員の故意または重大な過失に起因して損害が発生した場合。

  2. 会員の家族、同居人等、会員の関係者が盗難、紛失等に関与し、または不正使用した場合。

  3. 戦争、地震等著しい社会秩序の混乱の際に盗難、紛失等が生じた場合。

  4. 本規約に違反している状況において盗難、紛失等が生じた場合。

  5. 当社等が行う被害状況の調査に協力をしない場合。

  6. カード使用の際、登録された暗証番号が使用された場合（会員に故意または過失がないと当社が認めた場合を除く）。

  7. 盗難、紛失または被害状況の届出内容が虚偽である場合。

  8. カードの署名欄に自己の署名がない状態で損害が発生した場合。

４．偽造カードの使用に係るカードの利用代金は、本会員の負担とはなりません。ただし、偽造カードの作出または使用について、会員に故意または重大な過失がある場合、当該偽造カードの使用に係るカードの利用代金は、本会員の負担とします。

　このようなクレジットカード会員規約をもとに、クレジットカード会社は、通常クレジットカードの使用の事実と立替金等の支払いがあったことを主張す

れば代金の請求ができるとされ、会員が支払いを免れるための「第三者による
不正使用」だったことなどは、会員に主張・立証責任があるとされており、ク
レジットカードの盗難・紛失に関する会員の故意または重過失はクレジットカ
ード会社の再抗弁と考えられている。

　裁判例の多くは、クレジットカード会員規約が基本的に有効であることを前
提として、原則として、クレジットカード会員である消費者に支払い義務があ
るとするものが多く、学説においては、クレジットカード会員規約の有効性に
ついてのさまざまな検討がされている。

（3）不正使用の責任をめぐる学説

　不正使用があった場合に会員が責任を負う根拠としてのクレジットカード会
員規約の性質に関しては、以下のような考え方がある。

　第1は、債務不履行責任として構成するものである。

　まず、紛失・盗難等について「原則として会員責任とする会員規約を、民法
上の債務不履行責任を確認したものであり、『カード等の紛失、盗難等により、
他人にカードを使用された場合』という定めは、会員のカード管理義務違反事
実の一事例を列挙したものに過ぎず、当該場合の債務不履行責任に基づく損害
賠償請求の処理方法を定めたものと考えることが可能」[115]とする債務不履行説
である。

　債務不履行説には、保管義務あるいは安全配慮義務という付随義務違反と構
成する説[116]もある。この説では、クレジットカード会員は、クレジットカード
契約から信義則上生ずる安全配慮義務を負い、これに違反した場合、クレジッ
トカード会社は会員に債務不履行責任を問うことができるとするものである。
この考え方によれば、会員が責任を負う場合については、本人の故意・重過失

---

[115] 小堀靖弘「クレジットカード不正利用における法律関係」CCR(consumer
credit review)5 号（2015 年）22 頁。
[116] 清水千尋「他人によるクレジットカードの不正利用とカード保有者の責任に
ついて」立正大学創立十周年記念論集『現代の法と政治』（日本評論社・1992
年）103 頁。

の他、所定の届出義務・書類提出あるいは調査協力義務に違反した場合、虚偽の届け出を行った場合に限定され、加盟店に注意義務違反があった場合も、加盟店をクレジットカード会社の履行補助者と位置付け、会員を免責するのではなく、加盟店の過失について過失相殺を行うにとどめている。

第2は、契約責任とする説（「契約責任説」）[117]である。

この説は、「原則として会員責任とする会員規約を、『理由の如何を、問わずカードの利用があった場合には会員は原則としてその利用代金について支払い義務を負う』という、債務不履行責任とは別個の要件事実を合意により定めた契約責任として考える」というものである。この見解では、クレジットカード会社は、請求原因として、クレジットカード会社と会員とのクレジットカード会員規約による合意とクレジットカードが利用されたことを立証すれば足りるとされる。

第3に、「会員契約における会員の基本的な義務として、使用・保管義務が約定されているから、これらの義務違反による第三者のカード使用について会員の責任とする合意をすることは、自己責任の原則に反せず、合理性が肯定され、有効である」と会員の使用・保管義務を実質的な根拠として合意されたものであるとする説（「請求原因説」）があり、第2の説とあわせて、これらが通説とされている。

第4に、特約に基づく一種の担保責任と考える説[118]（「特約担保責任説」）がある。これを立法論として構成したものとして、損失負担受忍限度説[119]がある。この説では、クレジットカードシステムは、クレジットカード会社・加盟店・利用者の三者の協力によって維持されるものであるから、各当事者はこのシステムから得る利益に応じて損失を負担すべきであるとし、クレジットカード会

---

[117] 小堀・前掲注（**115**）26 頁。

[118] 清水巖「クレジットカード販売の実態と問題点」ジュリスト **645** 号（**1977** 年）57 頁など。

[119] 長尾治助「クレジットカード法試論」立命館大学人文科学研究所紀要 **61** 号（**1994** 年）**153** 頁。

社を「第三者の不正使用を防止するために措置を講ずるべき第一次義務者」と位置付け、現行のシステムに第三者の不正使用を排除できないような危険があるなら、不完全なシステムに起因する不利益はシステム提供者が負うべきであるとする（なお、関連するものとして、キャッシュカードに関する事例であるが、システム責任を認めた最三判平 15・4・8 民集 57 巻 4 号 337 頁（預託金返還請求事件）（本書 106 頁参照））。その上で、会員はこのシステム維持に協力する者として、盗難等不正使用の危険性をクレジットカード会社に通知する必要があり、この通知の前に生じた損害については一定限度で負担することを忍ばなければならない（「損失負担受忍限度論」）とする。

この考え方について、「カードシステムの分析により、三当事者の関係を統一的に理解すること、それぞれの役割分担から損失分担を導き出すことなど、特殊な関係を明確に説明している」として、支持する考えが示されている[120]。その上で、消費者の立場を考慮すると、消費者が「不正使用に寄与できる可能性は極めて小さいこと、システム運営に関する知識を期待できないこと」にも留意する必要があるとして、他人の無断使用について会員に責任を問うべき場合に関して、「カードの不正使用について予見可能性があるにもかかわらず、その防止に努力しなかったこと」として具体的に説明した上で、現行の責任条項のうち、家族などの使用を無条件に使用者の責任とする条項などについて不当ではないかと指摘している。

（4）不正使用をめぐる個別的問題

①クレジットカードの無断作成と新規カード、更新カードの送付

初期の消費者トラブルでは、クレジットカードを普及するためと考えられるが、消費者の同意（承諾）を得ずに、販売業者やクレジットカード会社によって、一方的にクレジットカードが作成されて送付されるというものが多くみられた。

---

[120] 若色敦子「クレジットカードの他人使用と利用契約者の責任」『証券・証書・カードの法的研究』長谷川雄一古希記念（成文堂・1996 年）。

VI. クレジットカード取引トラブルと法律問題

　法律上は、消費者が申込みも同意もしていないのであるから、クレジットカードが送付された時点ではクレジットカード会員契約は成立しない。クレジットカードを受け取った消費者が、カード会員規約に同意して、カードを使用した時点でクレジットカード契約が成立すると考えられる。

　新規のクレジットカードは、郵送されてくるのが一般的である。クレジットカードには有効期限があり、有効期限のしばらく前に新しいクレジットカードが郵送されて来るが、郵便ポストから盗まれて不正使用されるなど、消費者に届かないという事例がある。

　クレジットカード会員規約上、会員の引越しなど住所変更等があった場合には、会員である消費者に届出を義務付けているが、この届出をせずに旧住所にクレジットカードが送付されて不正使用された事案がある。

　大阪地裁昭和61年7月15日判決[121]は、クレジットカードの有効期間は契約期間であって、更新後のクレジットカードの送付は新たな契約の申込み行為であるとして、会員が受け取っていない時点では、契約が成立していないとした。そして、この判決の控訴審である大阪高裁平成元年1月26日判決[122]では、クレジットカードの利用期限は、クレジットカードの契約期限ではなく、「カードの現実交付は契約目的実現のための最低不可欠の手段であり」、「変更届出条項には新規・更新を問わずカードは含まれない」。クレジットカード不着の場合には、会員に保管義務が発生する余地はなく、カード本体に関する限りは、これを確実に本人に届ける責任はクレジットカード会社にあるとした。

　クレジットカードに関しては、「与信取引を媒介する道具であることに主たる存在意義」があり、特定人が与信取引に参加できる資格を表す媒体としての役割を担わされている物である」から「特定人ごとに作例される特定物としての性格を帯び」、「カード利用契約に要物契約性を付与する根拠となる」[123]と説明される。

---

[121] 判時1212号127頁。
[122] 判時1330号54頁。
[123] 長尾治助・前掲注（119）154頁。

更新クレジットカードについては、クレジットカード本体がクレジットカード会員に届けられる以前には責任は発生しないということである。

②会員本人特定のための署名の照合問題

クレジットカードを対面の店舗（一般的な店舗）で利用する際、カード会員である消費者はクレジットカードの利用伝票にクレジットカードの裏面の署名欄（サインパネル）に会員自らがした署名と同様の署名をすることで、店舗は本人であることを確認するのが基本的な手続方法である（端末に暗証番号を打ち込む場合や食料品等では、それも省略されている場合もある）。

こうした、本人確認としての署名の筆跡照合の有効性の問題がある。争いとしては、預貯金等の払い戻しの際の署名をめぐる争いが典型的であった。

クレジットカードをめぐる争いとしては、東京地裁昭 59 年 4 月 20 日判決[124]（兄に預けた利用限度額 50 万円のクレジットカードが兄やその友人によって約 700 万円不正使用された事案。会員の自筆署名がないこと等で争ったが、日本文字による署名の照合を大量に処理することを商取引の過程で行うことはきわめて困難であることが経験則上認められるなどを理由に、支払義務の免除にはならないとした事例）、札幌地裁平成 7 年 8 月 30 日判決[125]（クレジットカード会社からの約 330 万円の請求に対し、夫が無断で使用したもので本来本人しか利用できないものであるとして過失相殺を主張した事案につき、女性の署名があるクレジットカードを男性が使用しているのであり合理的疑問をもってしかるべきところ、加盟店は確認等について適切な処置をしていなかったが、クレジットカード会社も加盟店に本人確認等を徹底させる義務があるとした。そして、加盟店を履行補助者として、5 割の過失相殺をした事例）、名古屋地裁平成 12 年 8 月 29 日判決[126]（クレジットカード会社からの約 217 万円の請求につき、当該請求は無断貸与に基づくものであって権利の濫用であるとして争った。ク

---

[124] 金融・商事判例 713 号 39 頁。
[125] 判タ 902 号 119 頁。
[126] 金融・商事判例 1108 号 54 頁。

レジットカードの裏面の署名欄には、四文字の氏名が記載されていたが、伝票の署名は一見明らかに異なる「乙木」という署名がなされていた。クレジットカード会員はクレジットカード規約により無断使用分につき支払い義務があるが、加盟店は署名の同一性を比較することで容易に本人でないことを知ることができ、不正使用を防ぐことが可能であったと認められ、加盟店が義務を怠った結果だとして、5割については権利の濫用であるとして過失相殺をした事例）などがある。

　裁判例を預貯金等の事例もあわせて検討し、「最近の判例では、特段の事情がある場合には署名照合を本人確認義務ないしは総合評価の中にとり入れて、顧客を保護するために積極的な一面を示すものが増加して」おり、これを「評価して署名照合義務を肯定する萌芽はみられるということはできるであろう」という署名照合義務に注目した考え方[127]がある。

　クレジットカードの店舗における対面取引について、「カードの不正使用を防止するのに最も有効な手段は、カード使用の際、販売店でカード会員本人にしか使用させないことを徹底することである」[128]とするものや「ＣＡＴを全加盟店に導入し、また、カードそのものに写真の貼付と本人の署名を義務付けて、それがない場合にはカードの利用ができない取扱いにすれば不正使用をほぼ完全に防止できるとみている」[129]との指摘がある。

　クレジットカードの店舗での対面取引については、加盟店契約では次のように規定されている。

　カラム6　加盟店規約のクレジットカード決済に関する条項例（一部改変）

1.　　　加盟店は、会員がカードを提示して信用販売を求めた場合、本規約および別途定める手引きに従い、当該会員に対して次の要領により信用販売を行

---

[127] 宮川不可止「預金およびクレジットカード取引における署名（筆跡）照合の有効性 - 注意義務基準の定立の検討を中心に−」京都学園法学 2004 年代号 22 頁。
[128] 島川勝「カードの不正使用」法律時報 60 巻 10 号 105 頁。
[129] 加賀山茂「カードの不正使用問題」消費者法ニュース第 13 号 4 頁（1992 年）。

うものとします。

① カードの真偽、および有効期限につき、そのカードが有効なものであることを確認するとともに、「承認請求」の条項に従い承認を得るものとします。

② カードが有効である場合には、カード記載の会員番号・会員氏名・カード有効期限等当社所定の事項を当社所定の方法により売上票に記入（カード用印字機を設置している場合はカード印字機を使用して印字する）し、加盟店番号、加盟店名（カード取扱店舗名）、売場名、販売担当者名、商品等の名称、型式、数量、金額、信用販売の種類、売上日等当社所定の事項を記入するものとします。

③ その場で会員による売上票の会員の署名または会員本人による暗証番号の入力を求め、カード署名欄に記載された署名と当該売上票の署名が同一であること、または、当該暗証番号が正しく入力されたことを確認するものとします。なお、加盟店は会員に対し、売上票に会員の署名以外の記載を求めてはならないものとします。

④ カード券面の会員番号・カード名義人と売上票の会員番号、会員氏名が同一であること、また、顔写真入りカードの場合には、カード提示者が当該顔写真と同一人物であることを確認するものとします。

⑤ 売上票の控え、または、売上票に記載した事項の記載のある書面を当該会員に交付するものとします。

2.　　加盟店、または、本条に定める事項を善良なる管理者の注意義務をもって行うものとします。

3.　　加盟店は、割賦販売法が適用される信用販売の場合、同法に定める事項を記載した書面を遅滞なく会員へ交付するものとします。また、加盟店は、本項に定める以外の割賦販売法その他法令上、加盟店に課される会員に対する書面交付義務を遵守するものとします。

しかしながら、店舗での対面取引においては、クレジットカード利用伝票の

署名とクレジットカードの券面の署名の照合はほとんど行われていない。「経験するところによれば、販売店での使用の際、本人確認は極めて杜撰であり、むしろ確認がなされていないのが実情である[130]」などの指摘がある。筆者は、30年以上相当な回数クレジットカード決済をしているが、わが国の国内店舗において署名照合が行われた経験は一度もない。ほとんどの場合、署名をする前にクレジットカードを返される[131]。わが国では、クレジットカード加盟店において、クレジットカード会員規約が守られておらず、加盟店規約に反して署名照合を行う商慣習がそもそも存在しないといえる状況がある。

これでは、筆跡照合以前であり、署名照合による本人確認制度は「絵に描いた餅」[132]となっており、本人確認義務という観点からは、全く果たされていないことになり、本人確認の観点等から通常の店舗においても安全対策は不十分であると評価せざるを得ない。

③クレジットカード会員の責任の減縮の試み

不正使用事案において、クレジットカード会社や保険により補填されない場合、クレジットカード会員である消費者に数百万円といった高額な請求が請求される。裁判例においては、さまざまな理由で、請求額を当該クレジットカードの利用限度額等に減縮する例がみられる。

例えば、大阪地裁平成5年10月18日判決[133]。同居している息子がクレジットカードを無断で持ち出し、約130万円不正使用したとして請求を受けた事案。カード会員である父親は、当日クレジットカード会社に紛失を申し出ていた。

裁判所は、過去の月間使用額は数万円にすぎず、速やかに盗難を申し出たことが認められるなどとして、また、カード会社が使用代金の請求を限度額である50万円に留める旨の意向を表明していることが考慮されたとされる。この事

---

[130] 島川・前掲注（128）105頁。
[131] リアル店舗では、署名決済を基本にしている。
[132] 加盟店のカウンターに、署名照合の注意書きプレートなどがあるのが皮肉である。
[133] 判時1488号122頁、判タ845号254頁。

案では、代金支払い義務を利用限度額である 50 万円と判断した。

　また、仙台簡裁平成 2 年 11 月 15 日判決[134]では、連帯保証人の補償の範囲をクレジットカードの利用限度額がある場合には、これを超えては生じないとした。

　さらに、先の署名の照合でも紹介した名古屋地裁平成 12 年 8 月 29 日判決[135]では、支払い請求の 2 分の 1 を、権利濫用として許されないとして過失相殺している。

　不正使用に関しては、会員に対して相当高額な請求がされるが、裁判例では、支払金額を利用限度額等に抑える試みがされてきている[136]。

（5）検討

①第三者使用をめぐる会員規約の法的性格と適正化

　裁判例の多くは、基本的にクレジットカード会員規約が有効であるとの前提で、その内容に従って不正使用の場合の会員の責任を判断している。

　クレジットカードの所有権はクレジットカード会社にあり、消費者がクレジットカード会員になると、クレジットカードが会員に貸与され、会員にはクレジットカード会員規約に基づいてクレジットカードの管理に関して、善良な管理者の注意義務が課されているとされている。この義務に違反したり、紛失や盗難にあって他人に使用されたりすると、利用代金は原則クレジットカード会員の負担となる。ただし、速やかに届け出れば、一定の期間後で、免責外理由に該当しなければ責任を免れるとされている。

　まず、クレジットカード会員規約においてクレジットカード会員である消費者が善管注意義務を課されていることについて検討する。

---

[134] 判時 1389 号 126 頁。
[135] 注（134）参照。この事案では、利用限度額に限定することは否定されている。
[136] 坂東俊矢「カード取引と消費者－不正使用問題を中心に」法学教室 321 号（2007 年）。

　クレジットカードの利用権限は、利用者本人に専属するものであり、「こうした定めがなくても他人に貸与することは目的外移転（利用）行為として性質上、許されないこと」であり、他人への貸与禁止条項は注意規定と解され、また、クレジットカードの形状とそれが軽量であることは、他人による窃取、強取の対象になりやすく、利用契約者は千差万別であり、知識の乏しい者までがクレジットカードの発行を受けることもあるなどの性質を考慮すると「利用者のカード保管に関する注意義務は善管注意義務よりは低く設定されるべきである」とし、「いわゆる自己の財産に於けると同様の注意をもってカードを保管すれば足りるのである」とする見解[137]がある。この考え方は、1992（平成4）年9月にクレジットカード規制法研究会（代表　沢井裕教授）と全国クレジット・サラ金問題対策協議会（事務局長　木村達也弁護士）がまとめたクレジット規制法案[138]の24条1項[139]も同趣旨である。さらに、長尾教授は、クレジットカードの保管の注意義務について、「カード利用になじんでいない人々にとり容易に理解できないことをも考慮して、カード発行会社等の事業者の上に、この点についての厳格な説明義務を課すべきである」と指摘しているが正当である。

　次に、不正使用があった場合に、会員が責任を負う根拠としてのクレジットカード会員規約の性質について検討する。

　まず、債務不履行説は、会員の帰責性が求められると考えられるが、裁判の多く[140]は会員の帰責性にはほとんど言及しておらず、債務不履行とは考えられてはいないようである。

　契約責任説、請求原因説については、実務上の取り扱いと規約内容が乖離していることを考慮せずに、クレジットカード会員規約が有効であることを前提にしたものであり、基本的に賛同できない。

137　長尾治助・前掲注（119）191頁。
138　クレジットカード規制法研究会・全国クレジット・サラ金問題対策協議会『クレジット規制法案』全国クレジット・サラ金問題対策協議会（1992年）。
139　クレジットカード規制法研究会・全国クレジット・サラ金問題対策協議会・前掲注（128）42頁。
140　大阪地裁平成12年3月31日判決など。

　長尾教授は、第三者使用による損失負担について、クレジットカード会社を「第三者の不正使用を防止するために措置を講ずるべき第一次義務者」と位置付け、現行システムに第三者の不正使用を排除できないような危険があるなら、不完全なシステムに起因する不利益はシステム提供者が負うべきであるとし、「本来的には、カード発行業者ならびにカードを扱う関連業者が、カード利用の個別契約において利用契約者による利用か、他人による不正使用かを識別するために万全の措置を講じているかどうかが、カード利用者から生ずる効果の帰属ないし損失負担は何人かの問題を解決する最も重要な基準となる」[141]とする。そして、ショッピング利用における署名の照合やキャッシング利用における暗証番号の一致だけでは、不十分であるとして、「このような不完全なシステムを提供しているのはカード会社であるから、第三者の不正利用により生ずる損失を負担すべきなのは第一次的にこの者」でなければならず、「利用契約者に負担させることの根拠の存在はカード発行会社において主張し証明すべき事項となる」[142]としている。

　第三者の不正使用に係るクレジットカード会員規約を、「民法が紛争解決基準として定めた条項の趣旨や自己責任の原則とも著しくかけ離れたもの」と評価し、その由来について、「この現象は、消費者信用産業の社会的責任を無視し、利益のみを追求する姿勢と国会によるその承認」[143]であるとまでしている。

　その上で、利用限度額を上限とする考え方もあるが、この限度額も高額な場合もあり、カード会員に過酷な負担をすることにもなりかねないとし、学説で示したような損失負担受忍限度説[144]（具体的には、カード会員の月収の5％程度）を提唱している。

　第三者の不正使用に関して、会員に帰責性を問わずに債務を負担する責任を負わせることは、契約法の基本原理である自己責任の原則に反するものである

---

[141] 長尾・前掲注（119）198 頁。
[142] 長尾・前掲注（119）199 頁。
[143] 長尾・前掲注（119）200 頁。
[144] 長尾・前掲注（119）207 頁。

ことを基本に考え、欧米における 50 ドルルールなどを参考にした長尾説が正当であると考える。

　不正使用をめぐる裁判例の多くは、クレジットカード会員規約を有効であるという前提で、判断している。最近の裁判例として、東京地判平成 27 年 8 月 10 日[145]などがあるが、この事案でもクレジットカード会員規約を形式的に適用させて会員の責任を認めたうえで、会員規約の免責条項を適用して免責した事案である。会員規約を形式的に解釈して、利用実態があれば違法行為であっても適正な請求とすることは、消費者にとって大きなリスクである。

　長尾教授の考え方は、クレジットカードシステムが安全ではないという評価を前提にしており、下級審判決であるがこの流れに即したものと評価すべき裁判例がある。

　インターネット上の取引のものであるが、クレジットカード会員である消費者の子どもが親のクレジットカード番号等を盗用して、インターネット上で取引して多額の請求を受けた長崎地裁佐世保支部平成 20 年 4 月 24 日判決[146]である。この判例では、家族である会員の帰責性が問題になっている。

　19 歳の長男が父親のクレジットカード情報を不正使用して、携帯電話で海外の有料アダルトサイトの使用料金をインターネット上で複数回決済したことで、クレジットカード会社からクレジットカード会員である父親に約 290 万円の請求があったという事案である。本件のクレジットカード会員規約には、「カードの盗難・紛失により第三者に不正使用された場合、その代金等の支払いは会員

---

[145] 判時 2287 号 65 頁、判タ 1422 号 287 頁。風俗営業の飲食店である加盟店による不正使用が争われた問題であり、会員が渡したカードで多額の飲食代を決済したものであるが、そもそもこのような飲食店が加盟店になっていることにも疑問がある。

[146] 金融・商事判例 1300 号 71 頁。判例評釈として、河上正二「未成年者による有料サイト利用と親のクレジット・カード不正利用」別冊ジュリスト 200 号『消費者法判例百選』（2010 年）230 頁、岡林伸幸「カードの会員外利用と会員の保護」千葉大学法学論集 25 巻 4 号（2011 年）1 頁など。

の責任となります」との条項があり、また「会員の故意または重大な過失に起因する場合」と「会員の家族…など、会員の関係者の自らの行為もしくは加担した盗難の場合」等を除いて盗難等で会員が被った損害についてクレジットカード会社が全額補填する旨の補償規約があった。クレジットカード会員である父親は、本件クレジットカードの無断利用がクレジットカード会員規約に基づかないものであること、原債権の債権者であるアダルトサイト運営者が特定できないこと、クレジットカードの不正使用の可能性についてのクレジットカード会社の説明不足、会員に重大な過失がないことによる補償規約の適用などを主張して争った事案である。

　裁判所は、消費者の重過失を否定しつつ、クレジットカード会社の請求を以下の理由で棄却した。

　「本件各カード利用は、インターネットのサイト上で、クレジットカードの名義人名、カード番号、有効期限を入力することで行われているが、情報を正しく入力すれば、利用者が本人であるかどうかは問われないまま利用が可能となるもので、本人確認は行われず、カード識別番号を知る第三者が会員本人になりすまして他人のカードを利用することが容易に可能な利用方法であったといえる。このような利用方法が採用された場合、会員がカードの不正使用を防ぐためには、カードの物理的な管理のみならず、カード識別情報という無体物についての管理が重要になる」。「情報の管理は、物理的占有によるカード本体の管理と異なり、何らかの方法でカード識別情報が他人に取得されたとしても、そのことだけでは、管理主体である会員に当該情報取得の事実が認識されにくいという特有の困難さもある。」そうすると、もし、クレジットカード会社がクレジットカード会員に対して、「インターネット上においてカード識別情報の管理には自ら限界があるというべきで、カード識別情報を利用したなりすまし等の不正使用及びそれにより会員が被る損害を防止するには、カード識別情報を提供する」クレジットカード会社において、「カード識別情報に加えて、暗証番号など本人確認に適した何らかの追加情報の入力を要求するなど、可能な限り会員本人以外の不正使用を排除する利用方法を構築することが要求されていた

というべきである。入力作業の手間が少ない方が会員の利便性が向上するとともに、カードの利用が促進されて」クレジットカード会社の「利益にもつながることや、暗証番号等の本人確認情報も含めたインターネット上での与信判断プロセスの構築に多額の費用がかかり得ることなどを考慮しても、決済システムとしての基本的な安全性を確保しないまま、事後的に補償規約の運用のみによって個別会員の損害を回避しようとするだけでは不十分というほかない。」

　本件では、最高裁第三小法廷平成 15 年 4 月 8 日判決[147]を引用し、預金の過払いの事例においては銀行等が、民法 478 条（債権の準占有者への支払い）の保護を受けるためには銀行が採用した機械による預金払戻しの方法を預金者に明示し、その預金払戻しシステムの設置管理全体について、可能な限度で無権限者による払い戻しを排除し得るよう注意義務を尽くすことが要求されるとしたことを踏まえて判断している。

　また、この事案では、原告であるクレジットカード会社が預金者保護法[148]の考え方を主張しているが、同法では、偽造や盗まれたキャッシュカードが第三者により ATM で不正使用されて預貯金の引き出しやローンの利用が行われた場合、金融機関は原則として被害を全額補償する。預貯金者の過失があった場合には減額される場合があるが、過失の立証は金融機関にあるとして、消費者の帰責性を要求していない。

　本件は、これから本格的なキャッシュレス社会に向かって行く中で、クレジットカードシステムが消費者にとって安心・安全な制度となるべき方向を検討するための重要な示唆がなされているものと考えられる。

　本件では、クレジットカード会員規約の家族との関係者の行為による場合には損害が補填されない例外規定について、クレジットカード会員の帰責性として故意または重過失を求めた。

---

[147] 最三判平 15・4・8 民集 57 巻 4 号 337 頁（預託金返還請求事件）、民法判例百選 Ⅱ〔第 7 版〕（2015 年）第 39 事件（80-81 頁）。
[148] 「偽造カード等及び盗難カード等を用いて行われる不正な機械式預貯金払戻し等からの預貯金者の保護等に関する法律」。

　会員の債務が免除されない場合のうち、特に問題となるのが家族等の第三者による不正使用の場合である。

　「会員の家族、同居人、留守人等、会員の関係者によって使用された場合」としているが、この範囲が不明確であり、問題であるとの指摘がある。例えば、「記載はあいまいに過ぎる」[149]などであり、この意見に関しては、さらに消費者契約法が消費者の権利義務を明確かつ平易に記載することを事業者に求めていること（消費者契約法 3 条）を踏まえると「この規定が明確かつ平易であるかははなはだ疑問がある」としている。

　会員の家族による不正使用をめぐっては、家族であるからより盗難等が容易であるとして会員の帰責性を認めるものが多いが、「カードは定期券、テレフォンカードと同程度の形状と軽量さで、手ごろに使いやすいことを意図して制作される物であるから、利用規約者の日常生活の上でも他のものに混ざりやすい性格は、預貯金通帳や小切手よりも強い」[150]という評価もあるように、家においてクレジットカードを入れた財布等を他の家族にわからないように厳重にしまっておくようにするには、クレジットカードのリスクを会員が十分に認識していることを前提に帰責性が判断されるべきと考える。

　「このように概念が不明確でありかつ、相手方に一方的に不利益となる約款については、約款の拘束力について疑問があり、消費者保護の見地からも改定が必要であろう」[151]との指摘もある。

　さらに、若色教授は、会員の責任条項について、地震などの災害に乗じてなされた不正使用を有責とする条項、署名義務違反その他の注意義務違反があった場合で、そのことが実質的に結果に影響していない場合、さらに不正使用を原則として利用者の責任とする規定について、損失配分の発想からは、構成に

---

[149] 坂東俊矢「カード取引と消費者−不正使用問題を中心に」法学教室 321 号（2007 年）145 頁。
[150] 長尾・前掲注（119）191 頁。
[151] 島川勝「カードの不正使用」法律時報 60 巻 10 号 103 頁。

疑問があり、規定全体をわかりにくくしているとしている。[152]

　クレジットカードそのものを用いずにカード番号等の情報のみでインターネット取引等が行われることが一般に知られているものではないなどについて、カードの安全確保が十分でなかったとして会員にカード番号の管理について重大な過失はないとしたものであり、安全性が担保されない不完全なシステム、説明を受けていない場合はクレジットカード会社が責任を負うべきといった点で長尾教授の考え方と共通している。

　長尾説では、会員が不正使用によって負担しなければならない額はあらかじめ一定の基準で決められていなければならないことを前提として、ペナルティとして有効な額であると同時に利用者の家計に圧迫を加えない程度である必要がある[153]としているが、ネット通販取引等は視野に入れて検討されていないことに留意して、さらに検討する必要があるかもしれない。[154]

　こうしてみてくると、また、通常の店舗における前述の署名照合による本人確認の不十分さや後述のセキュリティ問題状況やその対応の実態等を踏まえると、現在のクレジットカードシステムは、利用者である消費者にとって「安全で安心なシステム」とはいえないということになる。特にネット利用の普及などによりクレジットカード取引はさらに複雑化し、リスクも高くなっている。

　こうした状況を踏まえると、クレジットカード会員規約について、現状のシステムの安全性を厳密に評価した上で、消費者委員会等による適正化の総合的な検討を行うことが必要であると考えられる。

　第8次の国民生活審議会[155]消費者政策部会は、1981（昭和56）年にまとめた「消費者取引に用いられる約款の適正化について」[156]において、クレジットカ

---

[152] 若色・前掲注（120）277頁。

[153] 長尾・前掲注（119）207頁。

[154] 安全・安心なクレジットカードシステムの構築に関しては後述93頁以下参照。

[155] 消費者庁ができる前、消費者保護基本法に基づいて設置されていた審議会。当時（第8次）の部会長は、竹内昭夫当時東京大学法学部教授、同部会約款取引委員会の委員長は、北川善太郎当時京都大学法学部教授。

[156] ほかに、生命保険約款、旅行業約款、冠婚葬祭互助会約款、銀行における消

ード個人会員規約の検討を行っている。こうした取り組みについては高く評価
でき、同様の取り組みも考えられるが、どの程度反映されたのかの検証は行わ
れていないことなどは問題である。また、このとりまとめ内容に対しては、批
判[157]もある。

　いずれにせよ、会員規約は複雑で分かりにくいものになっており、会員規約
を明確にわかりやすくすること、消費者がリスクも含めて理解した上で契約で
きるよう啓発することが必要である。特に、責任に関する重要な事項が会員で
ある消費者によく理解されるようにすべきである。

ア　不正使用を防止するための視点

　クレジットカードの不正使用を防止するためにはどうすればよいかについて、
消費者トラブルの原因をたどり、クレジットカードのセキュリティは誰が管理
すべきであるかを考え、クレジットカードの不正使用を防止するには、クレジ
ットカード会社とクレジットカード会員の権限をどのように分配すべきか、ク
レジットカードの所有権は誰にあるのかを考えると以下のようなことが考えら
れる。

　まず、クレジットカードの利用方法が、クレジットカード本体を利用せず、
インターネットでの取引が増加している点に着目すると、クレジットカード本
体自体よりも、そこに記載されているクレジットカード番号などの ID とセキュ
リティのために本体には記載されていない暗証番号とその管理が最も重要であ
ることがわかる。

イ　暗証番号の決定・管理に関する事業者責任の強化

　クレジットカードの暗証番号について、クレジットカード会員が暗証番号を
決定するに際して、それが他人に安易に推知されるような番号、つまり、生年

費者ローン契約書、自動車売買契約書、預託金会費制ゴルフクラブ会則につい
て検討したもの。
[157] 長尾・前掲注（119）201 頁。

月日などを利用しないようにクレジットカード会社が詳しく説明し、クレジットカード会員が安易に推知されるような番号を使おうとした場合には、それを暗証番号としては認めないというようなシステムにする責任をクレジットカード会社に負担させ、同時に、クレジットカード会員は、暗証番号を他人に知らせないようにする注意義務を負担するようにすべきある。

　このように考えると、クレジットカード本体の所有権が誰に属していたとしても大した問題ではなくなる。もしも、クレジットカード会員に、クレジットカードの管理について善管注意義務を負わすのであれば、家族等を含めた他人にクレジットカードを使わせることを認めるべきではなく、そのためには、加盟店に署名照合など本人確認についての義務を負わせ実行させるべきである。加盟店のこうした義務を事実上免除しておきながら、クレジットカード会員にだけ、善管注意義務を課すのは信義則に反すると考えられ、現状では、クレジットカード会員にクレジットカートについての善管注意義務を課すのは加重な負担であると考えられる。

ウ　家族カードの検討

　重要な問題のひとつは、クレジットカードの暗証番号の管理である。この点で、家族カードの存在も問題となりうる。家族カードでは、本カードと暗証番号を共有することもあるため、暗証番号が他人に漏れる確率が拡大する。
　家族カードの発行枚数は、2015（平成27）年3月末で1746万枚（全体は、2億5,890万枚）で前年度比約7%増。わが国に特有の家族会員カードのシステムについては、少なくとも暗証番号を原則共有にすることなどについての検討が必要であろう。

②利用限度額（極度額）に関して

　クレジットカードには、利用限度額が設定されている。「ブラックカード」などと呼ばれるクレジットカードや百貨店の超優良顧客に対して発行されている「お帳場カード」など一部のグレードの高いクレジットカードには、金額の限

度なく無制限（青天井）に利用できるものもあるが、一般のクレジットカードには、利用限度額（割賦販売法では、「極度額」）が設定されている。[158]

ア　利用限度額の意味

利用限度額の定義について、クレジット辞典によれば、「クレジットカードが利用できる最高限度額のこと。貸出限度額、与信限度額、クレジットラインともいう。個々の会員の信用力により、カード会社が個別に設定している。」[159]と説明されている。消費者の認識では、利用できる金額の上限であり、それ以上は使うことができない金額と認識されていると考えられる。

イ　利用限度額の意味と運用との乖離

しかし、実態上は、そのようには運用されておらず、消費者が利用限度額を超えた利用をすることができ、超えた分についてはクレジットカード会員の負担になることがクレジットカード規約に規定されている。例えば、「会員が本条に定める利用枠を超えてクレジットカードを利用した場合も、本会員は当然にその支払いの責めを負うものとします」とされており、利用限度額を超えて利用できることが前提の規定になっている。

前述のように、不正使用の裁判例では、限度額を大きく超えて利用されている場合が多く、クレジットカード会員が負担する金額を利用限度額等に限定するなど、クレジットカード会員の負担額を圧縮する試みがされてきた。しかし一方では、「利用限度額が定められているということは、そのことのみによっては原告の本訴請求の範囲を右利用限度額の範囲内に減縮すべき理由とはなりえない」とする裁判例（東京地判昭和 59 年 4 月 20 日）などもある。しかし、本件ついて、「疑問である」と指摘した上で、「利用限度額への減縮こそが正義に

---

[158] 以前は、月間利用限度額が設定されていたこともあるが、現在はほとんどない。

[159] 西ヶ谷葉子編著『クレジット・金融用語辞典【改訂版】（金融財政事情研究会・2003 年）。

かなうことを想起させる」裁判例（大阪地判平成 5 年 10 月 18 日）をあげて、「この判断こそ、正しい方向を向いているものと評価したい」としているもの[160]がある。

ウ　問題解決策

　会員の負担額を抑える試みは、まだ CAT 端末が十分に普及していなかった時代に始まったことであり、不正使用の防止策として、「抜本的には、ＣＡＴを普及させていくことが、是非必要である」[161]など、多くの不正使用に関する論文において、CAT システムの導入によりオンライン化で利用限度額等の厳密な管理が行われれば、不正使用による多額の被害を防げるとの期待が寄せられていた。このことからすると、利用限度額は、契約内容としてクレジットカード会社が厳密に管理すべきものと考えられよう。

　しかし、クレジットカード会社側では、利用限度額はその額に限定されるものではなく、クレジットカード会員が限度額を超えて利用した場合でも、それが容認され、支払い義務が課せられるものとなっており、現に CAT システム普及後の裁判例でも、利用限度額を超えた多額の請求がなされている。

　2008（平成 20）年の割賦販売法の改正は、個別クレジットの次々販売や多重債務問題等の過剰与信が社会問題になり、適正与信義務が導入され、包括クレジットでも、支払い可能見込額を超えた利用限度額（極度額）のクレジットカードは原則発行できないこととなった[162]。過剰与信や多重債務問題の防止の観点からしても、利用限度額は、厳密に運用されることが必要であるし、現状のシステムでもそれが可能なはずである。

　一定の収入があり、クレジットカードを適正に利用していると、利用限度額は徐々に高くなる。利用限度額は、消費者の意思を確認しつつ調整の上で決定

---

[160]　潮見佳男「クレジットカードが盗まれた」法学教室 202 号（1997 年）88 頁。
[161]　松本恒雄「クレジットカードの不正使用と利用限度額」法学セミナー478 号 76 頁（1994 年）。
[162]　78 頁参照。

し、契約内容として厳密に管理してこそ、高額な不正使用を防ぐ安全弁になるし、これが実行できれば、第三者による不正使用におけるカード会員の負担の縮減のひとつの目安にもなる。さらに、過剰与信の未然防止にも資することになる。

３．悪質加盟店とマンスリークリア取引問題

（１）はじめに

　第Ⅳ章の最後で紹介したとおり、最近のクレジットカードに関する消費者トラブルの増加を受けて、消費者委員会は実態調査を行い、それを踏まえて建議を行った。この建議と近時の状況を背景に、2016（平成 28）年に割賦販売法が改正された。ここでは、クレジットカード取引をめぐる、特に、特別法に関する法的問題について検討する。

① 消費者委員会の建議

　近時のクレジットカードに関する消費者トラブルの増加と深刻化を受けて、消費者委員会は、第Ⅳ章で紹介したように、2014（平成 26）年 8 月に実態の調査報告をまとめ[163]、これを踏まえ以下の 3 項目の建議[164]を行っている。

　調査結果を踏まえて建議事項を項目建てしている。

　　　　　　　　　　　　　　（3 点目は、3 項目の問題点を踏まえている）

・加盟店の悪質な行為を原因とする被害が多い。

⇒加盟店の管理の徹底に係る制度整備

・翌月一括払いの取引におけるトラブル（特に、抗弁に関するトラブル）が急増している。

⇒翌月一括払い（マンスリークリア）の取引における抗弁の接続等の制度整備

・消費者が被害の拡大防止や回復を図る際に有用と思われる知識についての分

---

[163] 消費者委員会・前掲注（57）。

[164] 消費者委員会「クレジットカード取引に関する消費者問題についての調査報告及び建議の概要」（2014 年 8 月）消費者委員会 HP 参照。

かりやすい情報提供が少ない。

・チャージバックルールが適切に運用されていない場合がある。

・リボルビング方式による支払いに関するトラブルが増加している。

⇒クレジットカード取引に関する消費者教育及び情報提供等の充実

カラム 7　消費者委員会の建議事項（2014）

◎加盟店管理の徹底に係る制度整備

　経済産業省は、以下の制度整備に向けた措置を講じること

（1）加盟店契約会社（アクワイアラー）及び決済代行業者に対し、割賦販売法における義務付けを含む、加盟店の管理の実効性の向上のための措置を講ずること。

（2）上記のアクワイアラー及び決済代行業者について、行政への登録等を義務付け、行政調査権限を規定すること。

◎翌月一括払い（マンスリークリア）の取引における抗弁の接続等の制度整備

　経済産業省は、二月払購入あっせん取引（翌月一括払い（マンスリークリア）の取引）について、包括信用購入あっせん取引と同様の抗弁の接続等の制度整備に向けた措置を講ずること。

◎クレジットカード取引に関する消費者教育及び情報提供等の充実

　消費者庁及び経済産業省は、以下の措置を講ずること。

（1）消費者庁及び経済産業省は、クレジットカードの利用に関する知識について消費者教育及び消費者への情報提供を一層積極的に推進すること。その際、消費者が被害の拡大防止や回復を図る際に有用と思われる知識について、わかりやすく周知すること。

（2）経済産業省は、クレジットカード業界団体に対し、チャージバックルールが適切に運用されるよう要請すること。

（3）経済産業省は、カード交付時やカード利用時における利用者への書面の交付の機会等を捉え、リボルビング方式による支払いの仕組みやリスクについて、より分かりやすく消費者に情報提供するよう、カード発行会社に要請すること。

②割賦販売法 2016 年改正

消費者委員会の建議を受けて、経済産業省は産業構造審議会商務流通情報分科会賦販売小委員会において割賦販売法改正について検討し、2014（平成 26）年 12 月 25 日に「中間的な論点整理」をまとめ、2015（平成 27）年 7 月には、「割賦販売小委員会報告書〜クレジットカード取引システムの健全な発展を通じた消費者利益の向上にむけて〜」を、さらに、2016（平成 28）年 6 月に「産業構造審議会割賦販売小委員会報告書（追補版）」をとりまとめた。これらを踏まえ、2016（平成 28）年 12 月 9 日に改正割賦販売法が公布され、公布から 1 年 6 カ月以内に施行されることになっている。

この改正法の主な内容は、加盟店のクレジットカード番号等の適切な管理義務（35 条の 16）、加盟店のクレジットカード番号等の不正利用防止義務（35 条の 17 の 15）、アクワイアラーの登録制（35 条の 17 の 2）、アクワイアラー等の加盟店調査義務（35 条の 17 の 8）などである。

現行の割賦販売法に加えて、アクワイアラーに対するクレジットカード番号等の情報についての適切な管理を義務付けて登録制とした。決済代行業者の登録は任意であるが、わが国の加盟店を対象とする海外の決済代行業者も対象となっている。

2016（平成 28）年 6 月に報告書の追補版がまとめられた背景は、セキュリティ対策問題が喫緊の課題になったことである。同年 2 月 23 日には、クレジットセキュリティ対策協議会において、「クレジットカード取引におけるセキュリティ対策の強化に向けた実行計画−2016−」がまとめられている。

また、2014（平成 26）年 12 月の報告書、2015（平成 27）年の報告書の背景には、日本弁護士会が 2013（平成 25）年 7 月に出したクレジットカード取引等の適正化に関する意見書[165]も影響を与えている。

---

[165] 日本弁護士会「クレジットカード取引等の適正化実現のための割賦販売法の改正を求める意見書」2013（平成 25）年 7 月 19 日。

（2）悪質加盟店問題

　悪質加盟店問題は、主として個別クレジットの問題として推移してきたが、1992（平成4）年5月26日付で日本クレジット協会の前身である日本クレジット産業協会が加盟店情報交換制度を創設・運営するに際して当時の通商産業省政策局取引信用室長名で出された2つの通達では、「個品割賦購入あっせんにとどまらずクレジットカード等も含め、クレジット会社の加盟店管理の一層の強化が求められています」とされ、加盟店の審査・管理の厳格化、継続的に役務を提供する加盟店、顧客の特殊な誘引方法等により商品を販売する加盟店の継続的審査等を求めている。

　2008（平成20）年の割賦販売法の改正で、個別クレジットの特定商取引法5取引[166]についての規制を厳しくし、特に訪問販売に関して、厳密な加盟店調査義務を課したことで悪質加盟店による典型的な消費者トラブルは激減した。

　この改正で、包括クレジットの加盟店調査に関しては、当時は問題が多いと評価されていなかったことから、消費者から苦情が寄せられた場合に加盟店調査をする義務があるとしたのみであった。（30条の5の2、省令60条）
もともとクレジットカード会社は、法的な加盟店調査義務が課されてきたわけではなく、加盟店に関しては個別クレジットのような訪問販売等の悪質業者との提携によるトラブルの多発といった現象は、消費生活相談を見る限りでは問題となるほどの件数はなかった。

　しかし、消費者委員会の調査報告[167]のとおり、クレジットカードに関する消費生活相談件数は急増し、2013（平成25）年度には約5万件の相談が寄せられ、全体の 5.3％を占めるまでになっている。同年度の相談の内容別内訳をみると、「販売方法」に関する相談が 26,950 件、「契約・解約」が 43,902 件（マルチカウント）とこの2つの項目のものが多い[168]。その詳細では、「連絡不能」、「不当

---

[166] 正式名は、特定商取引に関する法律。5取引は、訪問販売、電話勧誘販売、特定継続的役務提供、連鎖販売取引、業務提供誘引販売取引。
[167] 消費者委員会・前掲注（163）8頁。
[168] 消費者委員会・前掲注（163）8頁。

請求」、「詐欺」、「約束不履行」、「虚偽説明」、「強引・強迫」などが多く、「販売業者等の悪質な行為が問題であると考えられるトラブルが多い」[169]としている。

　近時のクレジットカードをめぐる問題としては、従来はクレジットカード会社とは加盟店契約を締結できなかったような、例えば、詐欺的な通信販売業者やサクラサイト業者、アダルトサイト業者などネット取引を中心に加盟店審査の甘い海外の加盟店契約会社と加盟店契約を締結したり、次に紹介するような加盟店管理が不十分な決済代行業者を通じて加盟店契約[170]を締結したりしており、これが社会問題となっている。

（3）決済代行業者問題

　最近のクレジットカード取引に関する消費者トラブルの問題のひとつとして、決済代行業者の問題がある。

　決済代行業者は、〔図15〕のようなアクワイアラーと販売業者等の間で加盟店関連の業務を行う業者であるが、近時、「包括加盟店型」と「包括代理店型」等に分けてとらえられている。

　オフアス取引については、ことさら最近急増したということは必ずしもなく、以前からあった取引であるが、決済代行業者が絡む取引は最近急増している取引であり、消費者トラブルで注目されたのは、「サクラサイト商法」問題が代表的なものである。

　国内のクレジットカード会社は、加盟店審査が比較的厳しくされており、サクラサイト業者などの悪質な業者は本来加盟店契約ができない。悪質な加盟店は加盟店審査の甘い海外の加盟店契約会社と契約するなどしてクレジットカード決済を可能にしている。

---

[169] 消費者委員会・前掲注（163）8頁。
[170] 第Ⅱ章、第Ⅴ章参照。

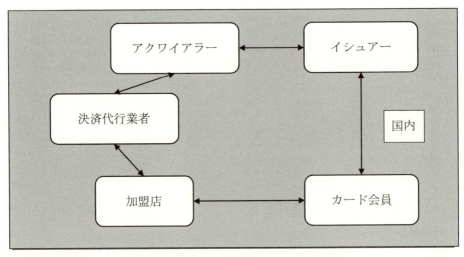

図 15　決済代行業者が絡む取引関係

特に問題なのは、〔図 16〕のような越境（クロスボーダー）型の決済代行業者
の絡む取引に関するものである。

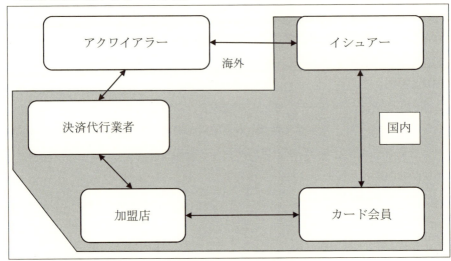

図 16　越境型決済代行業者が絡む取引

消費者委員会の 2014 年の調査報告では、三菱 UFJ リサーチ＆コンサルティングの「平成 24 年度商取引適正化・製品安全に係る事業（決済代行業等に関する実態調査）最終報告書」をもとに実態を紹介したうえで、「このようなトラブルの原因になっている加盟店の行動には、特定商取引法上の不当行為や行政処分の対象となる行為、消費者契約法上の不当行為に当たるもの、違法ではないものの加盟店の悪意が疑われるもの、約束不履行が多く含まれる」[171] とし、「このように、決済代行業者が介在したトラブルにおいては、悪質な加盟店が、加盟店の管理を十分に行わない海外のアクワイアラーの加盟店である決済代行業者を経由することによりクレジットカード取引を行っているケースが多い」[172] としている。

決済代行業者の絡む取引で、包括クレジットの場合には、個別クレジットの加盟店契約の子契約、孫契約と同様にクレジットカード会社への抗弁の接続によって対抗することが可能であるが、トラブルのほとんどは、マンスリークリアであり、割賦販売法の民事ルールの適用対象外であるという問題がある。[173]

越境型の決済代行業者がからむ取引では、売上データが海外を経由するためカードの不正使用検知システムをすり抜けるといった問題もある。

（４）マンスリークリア取引問題

2016（平成 28）年の割賦販売法改正で最も注目されたのは、マンスリークリア取引に抗弁の接続規定が適用されるかであった。その背景は、マンスリークリアに関する消費者トラブルが 2012（平成 24）年度以降急増していることなどによる。

２カ月を超える期間にわたる支払いである包括クレジットに関しては、割賦販売法において開業規制（登録制度）、過剰与信防止義務等の行政規制だけでなく、

---

171 消費者委員会・前掲注（57）。
172 消費者委員会・前掲注（57）。
173 三者間与信契約については、従来から個別クレジット問題を中心に法的性格の議論があるが、クレジットカードのマンスリークリア取引について射程に入っていたかどうかが必ずしも明らかではなく、検討が待たれる。

抗弁の接続等の民事ルールなど一定の消費者保護のための規定があるが、翌月一括払いであるマンスリークリア取引は適用対象になっていない。

　クレジット取引における消費者トラブルの解決に最も有効と考えられ、その範囲を拡大してきたのは、抗弁の接続条項（包括クレジットでは、30条の4）である。そこで、マンスリークリア取引も、抗弁の接続の対象にすべきという要望が各方面から出ている。

　消費者委員会は、経済産業省に対し、消費者トラブルの急増を踏まえて、マンスリークリア取引にも包括クレジットと同様の抗弁の接続等の制度を整備するよう建議した。

　また、日本弁護士連合会の意見書[174]でも、マンスリークリア取引について、「未払い金の支払い拒絶に関する抗弁の接続」（30条の4）の規制を及ぼすべきとし、さらに、抗弁の接続の規制対象となるための条件として必要とされる取引金額について、施行令で定める「4万円以上」「3万8000円以上」という条件に関して、同一販売店等における「反復継続する取引」の合計をもって「支払総額」または「現金販売価格又は現金提供価格」とみなすことができるようにすべきとしている。

（5）検討

①悪質加盟店問題と加盟店管理

　クレジットカード取引に関して悪質加盟店問題は、それほど深刻な問題として捉えられてこなかった。悪質加盟店問題は、もっぱら個別クレジットの問題として、特に訪問販売を中心とした悪質商法等の問題として推移してきた。

　割賦販売法に関しては、複数回の通達[175]が出されてきたが、なかなか効果が上がらなかった。

---

[174] 日本弁護士連合会・前掲注（165）。
[175] 例えば、1983（昭和58）年3月11日付、当時の通称産業省の際偉業政策局消費経済課長名の日本割賦協会会長宛の「個品割賦購入あっせん契約に関する消費者トラブルの防止について」など。

　国民生活センターが、2002年4月に『個品割賦購入あっせん契約におけるクレジット会社の加盟店管理問題』[176]をまとめて発表し、その中で「クレジット会社は、販売業者と契約（加盟店契約）して消費者にクレジットを提供するが、相手が問題商法の業者であっても契約していて、それが既述の消費者被害を発生させているのではないかと推測される。クレジット会社が問題商法の業者を裏で支えているのではないか、という疑念である」と指摘したことがマスコミ等各方面で注目され、また、「次々販売」等で特に高齢者等への過剰与信が問題になり、2008（平成20）年に割賦販売法が改正され、個別クレジットに関しては、2008（平成20）年の割賦販売法の改正で、特定商取引法で規制する5取引について以下のような詳細な加盟店調査が義務付けられた。

〔個別クレジットの加盟店調査義務〕
　特商法規制5取引について個別クレジット契約を締結しようとするときは、それに先立って個別クレジット業者は加盟店についての調査をしなければならない。（35条の3の5）
○調査時期と調査内容（省令75条〜77条）
ア．新規加盟店契約をする場合（加盟店に対して）
・基礎情報…特定商取引の種類、業者の名称・住所・電話番号・代表者氏名、営業所の住所・電話番号、営業・販売活動を行う地域
・商品役務の内容…勧誘書類、商品等に係る性能・品質・効果・効能・必要数量に関する苦情・相談に応じた根拠資料、特定利益・業務提供利益に関する苦情・相談に応じたその根拠資料
・履行体制…過去1年の販売実績、直近の決算書等による信用状況を確認、特定継続的役務提供、連鎖販売取引、業務提供販売に関しては、業務の継続性
・特商法による処分状況…過去5年間における特商法に基づく、指示・業務停止命令・罰金刑の有無、役員について過去5年間の上記処分の経歴の有無

---

[176] 国民生活センター「特別調査　個品割賦購入あっせん契約におけるクレジット会社の加盟店管理問題調査報告書」（2002年3月）。筆者が担当した報告書。

・コンプライアンス・苦情体制...コンプライアンス体制に関する組織・執行体制、苦情処理体制に関する組織・執行体制、苦情処理体制に関する組織・執行体制、消費者保護に欠ける行為に関する情報等の状況

　イ．消費者と個別クレジット契約をしようとする場合

（消費者に対して、電話等により）

・申込書面記載事項に関する誤認の有無

・商品の効能や連鎖販売取引の特定利益等に関する断定的判断の提供の有無

・付随商品等申込書面不記載事項で申込者の判断に影響を及ぼすものの有無等

・その他申込者の判断に影響を及ぼすものに関する誤認の有無等

・威迫・困惑行為の有無

　以上の項目につき、消費者からの苦情が比較的多い、苦情内容が禁止行為に該当する恐れがある等の場合、苦情の内容に応じて必要な調査を行い、調査の結果不適正な勧誘があったと認められる場合、与信は禁止しなければならないというものである。この規制によって、個別クレジット関連の苦情は全体的に著しく減少した。

　このことは、クレジット会社が加盟店審査や調査を厳密に行うことが、消費者被害の未然防止のために極めて重要であることを示している。

　しかし、包括クレジットに関しては、個別クレジットのようには悪質加盟店問題が深刻でなかったことから、加盟店調査に関しては、苦情があった際の業務規制がなされただけであった。

　クレジットカードの発行時の初期審査、その後の途上審査について、実効性の高い加盟店管理の制度を構築する必要がある。

②悪質加盟店問題と決済代行業者

　クレジットカード取引問題として決済代行業者の問題が注目されたのは、第Ⅲ章の3の2000年代の消費者トラブルの月刊『国民生活』8月号[177]の圓山論文

---

[177] 63頁参照。

178が「カード事業者の分化と決済代行業者」として越境型の決済代行業者問題を紹介した頃からである。

　この論文では、「最近は、カード会社の加盟店となって、通常では加盟店となれない小規模事業者と提携してカード決済ができるようにさせる事業者」179として決済代行業者を位置付け、「物流型」、「ネットモール型」、「越境型」の３つに分けて紹介し、特に越境型でトラブルが急増していると紹介し、「クレジット会社並みの加盟店審査や加盟店管理を求める必要がある。割賦販売法の規制対象とし、登録制にする必要がある」180としていた。

　決済代行業者が絡む消費者トラブルの増加に対応し、2011（平成23）年7月から決済代行業者の登録制度が導入され、当初は一般財産法人モバイル・コンテンツ・フォーラム（MFC）により運営された。しかし、この登録申請は強制ではなく、状況を打開するものではなく、消費者トラブルはますます深刻化した。

　その後、消費者委員会の建議を受けて、2016年に改正された割賦販売法では、改正前の従来の割賦販売法がオフアス方式の取引に対応していなかったことを踏まえ、アクワイアラーと決済代行業者について登録制（決済代行業者いついては、任意）を設け、加盟店への調査等を義務付けた。また、割賦販売法の認定割賦販売協会となっている日本クレジット協会が運営している加盟店情報交換制度181に現行のイシュアーが受けた苦情のうち加盟店の悪質な行為に起因するものの登録に加え、登録したアクワイアラーや決済代行業者も加盟店調査により把握した悪質な加盟店情報を登録する義務が課された。

　2016年改正により、一定の悪質加盟店対策が図られたが、条文上ではセキュリティ対策に重点が置かれているように思われ、政省令がこの点にどの程度ま

178　圓山茂夫「消費生活センターにおけるクレジット関連相談と対応」月刊国民生活2006年8月号19頁。
179　圓山・前掲注（178）21頁。
180　圓山・前掲注（178）22頁。
181　日本クレジット協会加盟店情報交換センター（JDM）。

で踏み込むかが課題である。

　また、消費者トラブル事例では、イシュアーが加盟店の情報を把握していないために解決が困難となっている事例がみられるが、アクワイアラーや決済代行業者が把握した情報がイシュアーに伝わる制度の構築が必要である。

　日本弁護士連合会の意見書では、「クレジット会社が苦情発生時の加盟店調査義務（20 条の 5 の 2）を懈怠した場合には、既払金返還義務を課すなど、加盟店調査義務を実効性のあるものとすべく、改めるべきである」としているが、実効性確保のためには有効な方法であると考えられる。

③マンスリークリア取引問題

　マンスリークリア取引は、もともとは銀行系クレジットカードの支払方法として位置付けられていたもので、省庁の縦割り所管からして、経済産業省が所管する割賦販売法の対象外という位置付けがなされてきた。しかし、銀行系クレジットカードにもリボルビング、均等分割払等の支払いが解禁され、支払方法の違いがなくなった。しかし、その後もマンスリークリア取引については、割賦販売法の対象外のままであったが、2008（平成 20）年改正で「二か月払購入あっせん」と規定されて、カード情報の管理義務（35 条の 16）の規定のみ対象となった。

　2008 年改正時の説明では、「分割払いと同様の誘引性があるとは考えられない」として、行為規制・民事ルールの適用対象としなかった[182]。また、2016（平成 28）年改正でも、「引き続き、誘引性・複雑性の観点から検討する」[183]として、マンスリークリア取引については、抗弁の接続規定をはじめとする民事ルールの対象等にすることは見送られた。

---

[182]　「産業構造審議会割賦販売分科会基本問題小委員会報告書」（2007 年 12 月 10 日）。
[183]　「産業構造審議会商務流通情報分科会割賦販売小委員会中間的な論点整理」（2014 年 12 月 25 日）。

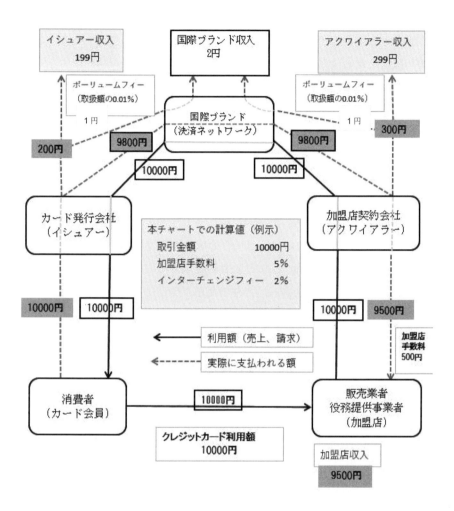

(山本正行編著『カード決済業務のすべて』104 頁より引用・作成)

図 17　国際ブランド取引における決済のイメージ

(国際ブランドのネットワークを介した取引をインターチェンジといい、そこでの手数料関係の
イメージを図化したもの。(詳しくは、山本正行編著『カード決済業務のすべて』金融財政事情
研究会 102 頁以下参照))

VI. クレジットカード取引トラブルと法律問題

　マンスリークリア取引の性質に関して、誘引性が認められないこと、消費者が対価なしに利用できることが、包括クレジット取引との違いであるとして、抗弁の接続規定の導入に消極的な理由とする説明[184]がある。

　誘引性に関しては、「マンスリークリア取引は、現金払いの代替手段として意識されている」[185]としているが、マンスリークリア取引は、翌月の給料後、長ければ約 2 か月後の支払いであり、現金払いの代替手段とは性質が異なると考えられる。また、消費者はその都度の利用では手数料等の対価はかからないが、クレジットカード会員として原則的には年会費を支払っている。

　また、誘引性とは別に、包括クレジットとの違いとして、手数料等の負担がないことをあげるものもあるが、〔図 17〕のように、関係業者には手数料等の利益が発生している、現金払いとは性質の異なる取引ととらえられる。

　消費者被害の救済の手段として、抗弁の接続ではなくチャージバックの活用により消費者被害の救済を図ろうとする見解[186]や「民事訴訟による信義則判断の積み重ねを通じて図る方が適切であると思われる」[187]などの見解がある。チャージバック制度に関しては、事業者間の自主的な取組みの制度で、消費者ではなくイシュアーが判断するものであり、また、国際ブランドが決めるチャージバックリーズンではカバーしきれないトラブルも多く、有用性はあり一定の活用はすべきと評価できる制度であるが、基本的には事業者の自主的制度であるという性格を考慮すると、現状ではマンスリークリア取引関連トラブルの消費者救済の中心制度として位置付けるのは適切とは言えないように思われる。また、民事訴訟による解決については、民法を根拠に消費者が訴訟をする困難

---

[184] 山本豊「割賦販売法の見直しの方向性」法律のひろば 68 巻 6 号（2015 年）13 頁。

[185] 山本豊・前掲注（184）13 頁。

[186] 柿沼重志・東田慎平「クレジットカード問題と割賦販売法改正に向けた動向－鍵を握る少子や利益の向上とセキュリティホール化の回避—」立法と調査（2016 年 9 月号）、沢田登志子「法規制によらず、チャージバックルールに則って救済を図れ」月刊消費者信用 2014 年 10 月号 26 頁など。

[187] 山本豊・前掲注（184）14 頁。

さは、割賦販売法の「抗弁の接続規定」をはじめとする消費者保護のための特別法が立法されてきた背景や経緯等を考えると難しいと言わざるを得ない。

　2016（平成 28）年の改正割賦販売法の検討過程での審議会の報告や担当者による解説[188]では、マンスリークリア取引について、クレジットカードの支払方法のひとつの類型として位置付けた説明がなされている。消費者トラブルの被害の深刻化の状況を踏まえると、消費生活相談件数の増加とその内容等の動向を見つつ、立法論として対象にすることを、より前向きに検討すべきである。

　そもそも、クレジットカード会員のクレジットカード会社に対する債務の法的性質（クレジットカード会社から加盟店への代金支払の性質）については、主として債権譲渡とするものと立替払とするもの[189]がある[190]。

　両構成の違いから法的効果の差異についてそれぞれの主張がある[191]が、「そもそもカード会社の代金支払の根拠となる信用供与の法律関係をどのように構成するかは、第一義的には、契約当事者の私的自治に任された事柄」であり、割賦販売法でも包括的な規定しか置いていない」ので、結局は、諸類型を基礎として、割賦販売法の個々の条項やその他の法律問題の個々の局面ごとにその適用や類推適用の当否を検討してゆくことが妥当との考えが示されている[192]。

　現行のクレジットカード会員規約では、例えば、「債権譲渡または立替払いの承認」として、「本会員は、ショッピング利用の結果生じた加盟店の本会員に対する債権を当該加盟店が直接」や提携先を経由して、「当社に譲渡すること」、または、同債権について、「当該加盟店に対し直接立替払いすること、あるいは

---

[188] 坂本里和「割賦販売法の狙いと概要」月刊消費者信用 2017 年 1 月号 26 頁以下。
[189] 立替払契約に関する学説については、個別クレジット問題を中心に検討されてきている。立替払契約の抗弁の接続に関する学説については、都築満雄『複合取引の法的構造』（成文堂・2007 年）275 頁等。
[190] もともとは、債権譲渡構成は主として銀行系クレジットカード、立替払い構成は主として信販系クレジットカードが多かった。
[191] 夏目明徳「クレジットカード取引の仕組み」園部秀穂・田中敦編『現代裁判法体系 23〔消費者信用取引〕』（新日本法規・1998 年）194 頁。
[192] 夏目明徳・前掲注（190）196 頁。

立替払いした結果発生した債権を」提携先を経由して「当社に譲渡することにつき」、「あらかじめ異議なく承諾するものとします」などと規定[193]している。

現行民法では、債権譲渡について、民法 468 条 1 項で「債務者が異議を留めない承諾をした場合には、譲渡人に対抗することができた事由があっても、これをもって譲受人に対抗することができない」と規定している（債権譲渡の異議を留めない承諾の効力については、最高裁昭和 42 年 10 月 27 日判決[194]とその評釈参照[195]）。前述のクレジットカード会員規約の例では、債権譲渡について「異議なく承諾するものとします」と記されているが、これは異議を留めない承諾をしているのであり、抗弁は切断されていることになる。しかし、現在検討されている民法（債権関係）改正案においては、このような現行民法 468 条 1 項の異議を留めない承諾は、債務者の保護の観点から妥当でないこと等を理由にして、削除される案になっており[196]、そして、現行の民法 468 条 2 項の「債務者は、その通知を受けるまでに譲渡人に対して生じた事由をもって譲渡人に対抗できる」が、第 1 項へと繰り上げられることになっている。つまり、民法 468 条 1 項は、民法（債権関係）改正案において、現行の異議を留めない承諾の規定が削除されて、「債務者（ここでは、カード会員である消費者）は、対抗要件（債務者への通知又は債務者の承諾）具備時までに譲渡人（ここでは、加盟店である販売業者）に対して生じた事由をもって譲受人（ここでは、クレジットカード会社）に対抗することができる」と規定されることになる。

ただし、「債務者がその意思表示により、抗弁を放棄することは－明文の規定はないものの－自由」[197]であるわけで、例えば、クレジットカード会員規約にマンスリークリア取引に関して「抗弁の切断条項」が規定されたとしても、消

---

[193] 《参考資料》１クレジットカード規約第 26 条参照。
[194] 民集 21 巻 8 号 2161 頁、判時 502 号 40 頁、判タ 214 号 150 頁。
[195] 角紀代恵「債権譲渡における異議をとどめない承諾の効力」別冊ジュリスト 196 号『民法判例百選Ⅱ』〔第 6 版〕（2009 年）58 頁。
[196] 潮見佳男『民法（債権関係）改正案の概要』金融財政事情研究会（2015 年）143 頁。
[197] 潮見・前掲注（195）143 頁。

費者契約法 10 条によって、民法の任意「規定の適用による場合に比して消費者（ここではカード会員である消費者）の権利を制限し又は消費者の義務を加重する消費者契約の条項（ここでは、クレジットカード会員規約）の条項であって、民法第 1 条第 2 項（信義誠実の原則）に規定する基本原則に反して消費者の利益を一方的に害するものは、無効とする」が適用されて、クレジットカード会員規約の該当条項が無効とされることになると考えられる。

　一般法である民法において、債権譲渡に関する債務者（こでは、クレジットカード会員である消費者）の抗弁の切断に関する条文（民法 468 条 1 項）が削除されることになることを考慮すると、消費者保護法として位置づけられている割賦販売法において、マンスリークリア取引においても「購入者は、販売業者等に対して有している事由をもって、クレジット会社に対抗することができる」という抗弁の接続が規定されるべき[198]であろう。

　なお、契約法の観点から、マンスリークリア取引に抗弁の接続ができるかを中心に、クレジットカード全般の取引問題として、複合契約論等の議論を注視して行きたい。

　マンスリークリア取引に関して、特定商取引法の「訪問販売」、「通信販売」、「電話勧誘販売」の対象の適用除外になっていない役務として、これらの規制や民事ルールの対象となるという考え方がある[199]。特定商取引法の「訪問販売」、「通信販売」、「電話勧誘販売」については、2008（平成 20）年改正で従来の指定商品制から原則適用制になったが、その他の法律で消費者保護が図られている取引などが適用除外され、割賦販売法では、「包括信用購入あっせん」と「個

---

[198] 加賀山茂・前掲注（**43**）では、カード取引においては、「情報を中心とした有因の債権譲渡・債務引受の復権へと移りかわっているのである」とし、預金債権の組戻しの理論がクレジットカード取引やデビットカード取引などにも適用できることを示唆している。

[199] 圓山茂夫「クレジットカードの翌月一括払いカード決済（マンスリークリア）契約への特定商取引法の適用について」消費者法ニュース **82** 号 **150** 頁（2010年）、齋藤雅弘『ハンドブック特定商取引法』〔第 5 版〕、拙著「クレジット関連消費生活相談にあたっての実務上の留意点」河上正二編『実践消費者相談』（商事法務・2009 年）**25** 頁も同趣旨。

別信用購入あっせん」が適用除外されている（26 条政令別表第二の 25 号）。両者については、この改正で従来の割賦（2 カ月以上かつ 3 回以上の分割払い）から 2 カ月を超える取引と変更されたが、マンスリークリア取引についてはいずれにも該当しないので「特定商取引法の適用は除外されず、特定商取引法の対象取引となる」[200]とする考え方がある。

　これを否定するものとして、訪問販売におけるマンスリークリアのクレジットカードの利用について、特定商取引法のクーリング・オフが認められるかについて、認められないとする見解[201]などがあるが、賛同できない。

　マンスリークリア取引に関する消費者トラブルの早期発見のためには、利用明細書の記載内容に関して、現在は加盟店が記載されているが、商品名等具体的な記載にすることの検討も必要であることを付け加えておく。

４．総括－最近のクレジットカードをめぐる動向と課題

（1）はじめに

　各地消費生活センターに寄せられた消費者トラブルのうちクレジットが大きな問題になってきたが、それは従来個別クレジットの問題であった。個別クレジット問題の深刻化に対応し、割賦販売法、特定商取引法が 2008（平成 20）年に大幅に改正されて、特に個別クレジットに関して民事ルールの導入等が行われ、また、特に訪問販売に関して厳しい加盟店調査義務が課されたことから、個別クレジットトラブルは激減した。

　個別クレジットの加盟店調査や管理が厳しくなったことから、悪質業者がクレジットカードにシフトしたり、情報化社会の進展によるパソコンやスマートフォンの普及を背景に、ネット取引でのクレジットカード決済が定着したりするなどで、クレジットカード取引をめぐる消費者トラブルが増加している。特にネット上の取引においては、カード情報等だけで決済できることから、従来

---

[200]　圓山茂夫『詳解　特定商取引法の理論と実務』〔第 3 版〕68 頁（2014 年）。
[201]　中崎隆『詳説　改正割賦販売法』（金融財政事情研究会・2010 年）10 頁。

の問題とは異なるタイプのトラブルが発生し、その解決を困難なものとしている。

　国民生活センターがまとめた、クレジットカード取引に関わる関係事業者等の現状は以下の〔表6〕の通りである。

　これをもとに、トラブルの未然防止としての消費者教育の必要性、悪質加盟店の排除のためのイシュアーとアクワイアラーの連携等を提言している。2016（平成28）年の改正割賦販売法が、これらをどの程度解決できるかであるが、まだ課題は残る。

表 6　クレジットカードに関わる関係事業者等の現状

消費生活センター	クレジットカード決済におけるトラブルが消費生活センターに寄せられた際、第一義的には契約先である販売店（加盟店）と消費者間での解決を前提としているが、近年のトラブル多様化・複雑化・グローバル化等により、消費者および消費生活センターだけでは解決困難な事例が発生している。 全国の相談窓口において、多様化・複雑化する相談に対応するための研修や定期的な情報共有を行っている。全国で年間5万件起こるクレジットカード決済にかかわる相談を受け付け、必要に応じて、解決をめざし、平均1～3カ月かけてあっせんしている。
イシュアー	イシュアーは消費者や消費生活センターからのトラブルに関する問い合わせを受け付けており、違法性が高く同種トラブルが多発する場合には、トラブル解決に向けて対応する例が比較的多い。近年の多様化・複雑化・グローバル化等により発生するトラブルの中には、あっせんの過程で違法な取引の可能性があることが判明する事例がある。これらの事例において、トラブル解決に向けて積極的な対応を行うイシュアーは多くなく、さらに当事者間の交渉等に必要な情報（アクワイアラーからの調査結果等）の提供が十分とはいえない場合がある。
アクワイアラー	一定の加盟店審査／調査を実施していると思われる。継続的に発生するトラブル情報がみられる場合、トラブル拡大防止に向けた加盟店審査／調査の実施の有無等についてアクワイア

・決済代行業者	ラーや決済代行業者ごとの対応の違いが懸念される。 加盟店審査／調査の経過／結果情報のイシュアーとの共有に関して連携が少ないように感じる。
加盟店	明らかに違法な取引を行う業者だけでなく、即座に違法と判断できない場合であっても、トラブルが複数寄せられる業者の中には、後々、詐欺等で逮捕される業者や行政処分を受けることになる不適切な勧誘や契約を行う業者が存在する。 何らかの苦情発生情報や積極的な加盟店審査／調査により、問題解決に向けた効果が期待される。

（月刊『国民生活』2015 年 12 月号 9 頁の表をもとに作成。下線は原本のまま。）

　次に、2016 年改正割賦販売法に盛り込まれた喫緊の政策課題であるセキュリティ問題と、まとめとしてクレジットカード包括法と消費者教育の必要性を述べておきたい。

（2）セキュリティ問題

①経緯

　冒頭でも紹介したとおり、わが国の政府は、「日本再興戦略－JAPAN is BACK－」（2013 年 6 月 14 日）において、2020（平成 32）年のオリンピック・パラリンピック東京大会の開催に向けて、訪日外国人の増加を見据えて、キャッシュレス化の推進を重要な政策課題として位置付け、安全・安心に利用できる環境整備をめざしている。
2015（平成 27）年の不正使用額は 120 億円で、3 年間で 1.8 倍となっており、セキュリティリスクが高い状況である。
　これに対応して、クレジット取引セキュリティ対策協議会（事務局：日本クレジット協会）は 2016（平成 28）年 2 月 23 日に「クレジットカード取引におけるセキュリティ対策の強化に向けた実行計画」を取りまとめた。この実行計画については、日本クレジット協会を中心に推進体制を構築し、進められて行く予定である。実行計画の 3 本柱は、次のとおりである。

カラム **7**　クレジットカード取引におけるセキュリティ強化実行計画の３本柱

１．「クレジットカード情報の漏えい対策」

　加盟店におけるカード情報の「非保持化」（または PCIDSS（後述）準拠）

　カード情報を保持する事業者の PCIDSS（後述）準拠

２．「偽造クレジットカードによる不正使用対策」

　クレジットカードの「100%IC 化」の実現

　決済端末の「100%IC 対応」の実現

３．「EC における不正使用対策の導入」

　多重的・重層的な不正使用対策の導入

　この流れで、経済産業省では産業構造審議会商務流通情報分科会割賦販売小委員会でセキュリティ問題について検討し、2016 年 6 月 2 日に「〜クレジットカード取引システムの健全な発達を通じた消費者利益の向上に向けて〜＜追補版＞」がまとめられ、2016（平成 28）年の改正割賦販売法により、これを踏まえたセキュリティ対策が規定された。

②改正割賦販売法

　2016（平成 28）年の割賦販売の改正は、クレジットカード番号の漏えい事件の多発と不正使用件数の急増、決済代行業者の参入などによる加盟店管理の不備、フィンテック企業の決済代行業者への参入等を背景に、結果、主としてセキュリティ対策に焦点があてられたものとなっている。

　まず、加盟店にカード番号等の適切な管理を義務付けている（改正法 35 条の16）。改正法では、クレジットカード番号等取扱業者全般に適切管理義務を課し、当該業者には加盟店も含まれるとしている。結果、加盟店には、クレジットカード業者と同様の義務が課せられることになる。

　次に、加盟店にはクレジットカード番号等の不正な利用を防止するために必要な措置を講ずることが義務付けられた（改正法 35 条の 17 の 15）。具体的には、次に紹介する IC カード化や 3D セキュアなどによる本人確認の強化である。

VI. クレジットカード取引トラブルと法律問題

　これらの前提として、現行の割賦販売法に加えてアクワイアラーに対するクレジットカード番号等の情報についての適切な管理を義務付けて登録制とした。決済代行業者の登録は任意であるが、わが国の加盟店を対象とする海外の決済代行業者も対象となっている。

③技術的対応策

　主なセキュリティ強化の技術的対応方法としては、以下のようなものがある。
〔IC カード化〕
　決済の電子化は 1990 年代初め頃の偽造クレジットカード被害の急増がきっかけである。それまでフロアリミットが 10 万円で、それ以下はオーソリゼーションの必要がなかったため 10 万円以下の海外発行の偽造カードが国内で悪用された、これに対応するため、加盟店への端末設置等により磁気ストライプ情報をクレジットカード会社に送信する決済インフラ整備が進んだ。
　1990 年代後半には、スキミングによる偽造被害が急増し、これに対応するため、ビザやマスター等の国際ブランドが、接触型 IC カード導入の検討をはじめた。[202]当初は、偽造被害が大きかったイギリスとすでに IC カードが導入されていたフランスの主導で議論が進められ、2000 年前後に欧州委員会が通貨統一の一環として域内取引を接触型 IC カードへの統一することへの決定を受け、本格的な枠組み作りが進行し、ヨーロッパの多くの地域で IC 化が完了した。
　アメリカは、「コストと便益が不透明」として IC 化が進展せず[203]、わが国もあまり進まなかった。しかし、アメリカが大型の情報漏えい被害の発生を受けて、2015（平成 27）年から IC カード化に積極的に取り組むようになった。
　こうなるとわが国が、セキュリティホールになってしまうことから、IC カード化が喫緊の課題になり、積極的に取り組むことになったのである。
　2020（平成 32）年までに、100％のクレジットカードの IC カード化をめざしている。

202　松谷徹「決済電子化の略年譜」金融財政事情 2014 年 2 月号 3 頁。
203　松谷・前掲注（202）3 頁。

〔「PCIDSS」（Payment Industry Data Security Standard）基準の導入〕

決済カードの国際基準。国際ブランドが共同で策定した決済カードのセキュリティ基準であり、クレジットカードの他、デビットカード、プリペイドカードなどについて、カード会員のデータ保護、アクセス制御手法など 12 の要件に基づいて構成されている。これは、クレジットカードの情報漏えいそのものを防止するためのものである。[204]

12 の要件は、安全なネットワークの構築と維持に関する 2 要件、カード会員データの保護に関わる 2 要件、脆弱性を管理するプログラムの整備に関する 2 要件、強固なアクセス制御手法の導入に関する 3 要件、定期的なネットワークの監視およびテストに関する 2 要件、情報セキュリティ・ポリシーの整備に関する 1 要件からなっている。

〔「3D－Secure」の導入〕

ネット上のクレジットカード決済を安全に行うことができる非対面取引のセキュリティ方式。

イシュアーのネットサービス上に ID（メールアドレスやニックネームなど）とパスワードを設定し、ネット上で商品代金等の決済をする際、イシュアーのウェブサイトに遷移して、ID とパスワードを入力して本人確認が行われる。

イシュアーは、ID とパスワードに加えてカード会員本人しかしらない「パーソナルメッセージ」（合言葉）の登録もできる。ビザ、マスター、シェーシービー、アメックス等が世界基準の本人認証として採用しており、3D－Secure と総称されている。[205]

このような技術が導入されても、クレジットカード会員が、暗証番号やパスワードなどの情報が漏えいしたり、他人に教えるといった行為が行われるならば、これらの技術は、すべて、絵に描いた餅となってしまう。

---

[204] 本田元「カードビジネスの実務」中央経済社（2016 年）211 頁以下。
[205] 本田・前掲注（204）219 頁。

（3）最後に－クレジットカード包括法と消費者啓発・教育の必要性

　近時、クレジットカードに関する消費者トラブルの件数、不正使用の被害が深刻化し、その対策が急務になっている。

　内閣府が 2016（平成 28）年 7 月に行った「クレジットカード取引の安全・安心に関する世論調査」[206]を行ったが、その主な内容は、以下のようなものであった。

　まず、「クレジットカードを積極的に利用したいか」については、「そう思う」「どちらかといえばそう思う」の合計は 39.8％で、「そう思わない」「どちらかといえばそう思わない」の合計は 57.9％と消極的な人の方が多かった。また、「積極的に利用したいと思わない理由」については、「クレジットカードの紛失・盗難により、第三者にしようされるおそれがあるから」41.3％、「個人情報などがクレジットカード会社や利用した店舗などから漏えいし不正利用されてしまう懸念があるから」が 35.4％であった。そして、「クレジットカードの安全・安心な利用のために力を容れてほしいこと」は、「クレジットカードの取締りの強化」57.4％で、「クレジットカード取引におけるセキュリティ対策の規制に係る法整備」52.3％であった。

　この結果をみると、セキュリティに不安を持っている人が多く、安心・安全のための法整備を求めていることがわかる。

　現在のクレジットカードに関する直接の法規制は、ショッピングに関する部分に関しては割賦販売法があるのみであるが、不正使用の責任問題等契約の直接の内容についての規定はない。また、キャッシングに関しては貸金業法による規制となっており、所管官庁が分かれている。マンスリークリア取引の規制が置き去りになっている背景は、これまで見てきたように行政の縦割りの流れの影響があると考えられる。

---

[206] 内閣府政府広報室「クレジットカード取引の安全・安心に関する世論調査」。

　現在検討されている民法（債権関係）改正案は、クレジットカード取引の根幹をなす指名債権譲渡について、抗弁の切断を認めていた民法 468 条 1 項を削除して、抗弁の接続を認めてきた民法 468 条 2 項を 1 項へと格上げして、債務者を保護するために、抗弁の接続を原則とするとしている。この改正により、割賦販売法における抗弁の接続の規定の適用がないマンスリークリア取引についての抗弁の接続が実現する道筋ができたととらえることができるが、その実現は、消費者にとっては簡単ではない。しかし、消費者保護を目的の一つとしている割賦販売法が、マンスリークリア取引についても、抗弁の接続規定の対象とすることが求められているといえよう。

　以前から、クレジットカード規制法については、立法提案[207]も行われてきたが、消費者トラブルの増加、政策の重点化といった状況を考えると、実態を踏まえ、クレジットカード取引の法的性格や不正使用に関する責任関係等も含めてクレジットカード会員保護の視点から消費者庁が所管するクレジットカード規制法といった包括的な立法を検討するのがふさわしいであろう。

　さらに、消費者委員会の建議にもあったが、クレジットカード会員である消費者に対して、契約内容の周知・啓発、および、可能な限り十分な説明の実施、並びに、クレジットカードに関する消費者教育が必要である。

　本書は、ショッピング機能を中心としたクレジットカード取引問題について検討してきたが、デビットカード、プリペイドカードなど、カードも多様化し、さらに、パソコンやスマートフォン等を介してクレジットカードも含めて多様な利用の仕方が急速に普及ししており、総合的かつ実用的な実効性のある消費者教育が行われることが急務であり、この内容を考えることが喫緊の課題である。

　クレジットカード取引に関する消費者トラブルと法律問題について、未成年者等利用者の問題や交付書面の問題など、今回触れることができなかったいく

---

[207] クレジットカード規制法研究会・前掲注（138）など。この立法提案では、「カード会員は、クレジットカードを自ら使用した場合のみ、その支払義務を負う」（第 32 条 1 項）ことを基本にしている（46 頁）。

VI. クレジットカード取引トラブルと法律問題

つかの課題については、引き続き検討していきたい。

Ⅶ　参考資料

≪資料１≫クレジットカード会員規約例

　この規約例は、2017 年 3 月時点でＨＰ上に掲載の東京三菱 UFJ ニコスカードの個人会員のクレジットカード会員規約（2014 年 4 月 1 日改訂版）の一部を改変したもの。一般的な消費者向けのクレジットカード会員規約として、全体を把握することを目的に掲載している。

〔一般条項〕

第 1 条（会員）

1. ○○株式会社（以下「当社」といいます。）は、本規約を承認のうえ、当社所定の申込書により本規約に定めるクレジットカードの入会を申込まれた方で、当社が入会を承認した方を、本会員とします。
2. 本規約に定めるクレジットカードは、「○○カード」（以下「カード」といいます。）とし、当社と Visa Worldwide Pte. Limited（以下「Visa Worldwide」といいます。）、MasterCard Asia/Pacific Pte. Ltd.（以下「MasterCard Worldwide」といいます。）または株式会社ジェーシービー（以下「JCB」といいます。）が提携して発行します。
3. 本会員が代理人として指定した家族で、本規約を承認のうえ家族会員としての入会を申込み、当社が入会を承認した方を、家族会員とします（以下本会員と家族会員とを総称して「会員」といいます。）。本会員は、当社が家族会員用に発行するカード（以下「家族カード」といいます。）および当該家族カードに係る第 2 条第 1 項に定めるカード情報（以下あわせて「家族カード等」といいます。）を、本規約にもとづき本会員の代理人として家族会員に利用させることができ、家族会員は、本規約にもとづき本会員の代理人として家族カード等を利用できるものとします。なお、本会員は、家族会員に対する本代理権の

授与について、撤回、取消または無効等の消滅事由がある場合は、第13条第4項の規定に従い、家族会員による家族カード利用の中止を届出るものとします。本会員は、この届出以前に本代理権が消滅したことを当社に対して主張することはできません。

4. 家族会員による家族カード等の利用はすべて本会員の代理人としての利用となります。当該家族カード等の利用にもとづく支払義務は、本会員が負担し、家族会員はこれを負担しないものとします。また、本会員は自ら本規約を遵守するほか、善良なる管理者の注意をもって家族会員に対し本規約を遵守させるものとし、本会員自らが本規約を遵守しなかったこと、または家族会員が本規約を遵守しなかったことにより生じた当社の損害（家族カード等の管理に関して生じた損害を含みます。）をいずれも賠償するものとします。

5. 家族会員は当社が家族カード等の利用内容・利用状況等を本会員に対し通知することをあらかじめ承諾するものとします。

6. 会員と当社との契約は、当社が入会を承認したときに成立します。

7. 会員には、ゴールド会員等の種類（以下「会員種類」といいます。）があり、会員種類により別途特約がある場合は、その特約に従うものとします。

第2条（カードの発行と管理）

1. 当社は、会員氏名・会員番号・カードの有効期限等（以下「カード情報」といいます。）を表示したカードを発行し、会員に貸与します。会員は当社よりカードが貸与されたときは、ただちに当該カードの署名欄に自署するものとします。

2. カードの所有権は当社に属します。会員は善良なる管理者の注意をもってカードおよびカード情報を利用・管理しなければなりません。カードはカード上に表示され、署名欄に自署した会員本人以外は使用できません。また、他人にカードを貸与、預託、譲渡もしくは担保提供することや、カード情報を預託しもしくは使用させることは一切できません。

3. 前項に違反してカードが第三者に使用された場合、そのカード使用に起因して生じる一切の債務については、本規約を適用し、すべて本会員がその責任を負うものとします。ただし、家族会員が前項に違反したことにもとづいて当社またはその他の第三者に損害を与えた場合の損害賠償責任については当該家族会員自身も負担するものとします。

4. カードの有効期限は、カードの表面上に表示された年月の末日までとします。当社が適当と認める場合には、当社所定の時期に有効期限を更新した新しいカードと会員規約を送付します。

5. 当社は、当社におけるカード情報の管理、保護等業務上必要と当社が判断した場合、会員番号を変更のうえカードを再発行することができるものとし、会員はあらかじめこれを承認するものとします。

6. 会員は、新しいカードの送付を受けたときは、当社が特に指示した場合を除き、従前のカードは、ただちに会員の責任においてカードの磁気ストライプ部分が（ICカードの場合はICチップ部分も同様に）切断されるような形で切断し、使用不能の状態にして処分しなければなりません。なお、カードの有効期限内におけるカード利用によるお支払いについては、有効期限経過後といえども本規約を適用します。

7. 会員が当社所定の方法により申込み、当社が承認した場合、当社は、会員に対し、カードに付帯する他の機能を付した付帯カード（以下「付帯カード」といいます。）を発行、貸与する場合があります。当社が付帯カードについて別途規定、特約等（以下「付帯カード規定」といいます。）を定める場合、会員は、付帯カードの利用等について付帯カード規定に従うものとします。

第3条（カードの年会費）

1. 本会員は、当社に対し、カード送付時等に指定する期日に、所定の年会費（家族会員の有無・人数によって異なります。）をカード利用代金と同様の方法で

支払うものとします。なお、年会費が当該期日に支払われなかった場合には、当社は、翌月以降に年会費の支払いを請求することがあります。

2. すでにお支払い済みの年会費は、退会または会員資格の取消となった場合でもお返ししません。

第4条（暗証番号）

1. 会員は、所定の方法によりカードの暗証番号（4桁の数字）を当社に申出するものとします。ただし、会員からの申出のない場合または生年月日、自宅の電話番号等から推測される番号等当社が暗証番号として不適切と判断した場合は、当社が所定の方法により暗証番号を登録する場合があります。この場合本会員にその旨を通知します。

2. 会員は、暗証番号を他人に知られないよう、善良なる管理者の注意をもって管理するものとします。カード利用の際、登録された暗証番号が使用されたときは、暗証番号について盗用その他の事故があっても、そのために生じる一切の債務について本会員が支払いの責任を負うものとします。ただし、登録された暗証番号の管理について、会員に故意または過失がないと当社が認めた場合は、この限りではありません。なお、家族会員が本項に違反したことにもとづいて当社またはその他の第三者に損害を与えた場合の損害賠償責任については当該家族会員自身も負担するものとします。

第5条（取引時確認）

　当社は、「犯罪による収益の移転防止に関する法律」にもとづく取引時確認（本人特定事項（氏名・住居・生年月日）、取引目的および職業等の確認）の手続きが、当社所定の期間内に完了しない場合、入会をお断りすることや会員資格の取消、またはカードの全部もしくは一部の利用を停止することがあります。

第6条（カード利用可能枠）

1. 当社は、「カード利用可能枠」を審査のうえ決定いたします。会員は、本会員および家族会員による第25条に定めるショッピングの利用代金、第27条に定める分割払いおよびリボルビング払い（以下「リボ払い」といいます。）の手数料、第32条に定めるキャッシングサービスの融資額および手数料、年会費、その他当社が提供するすべてのカード機能に関する利用金額および手数料等の未払債務の合計額が、カード利用可能枠を超えるカード利用はできない（ただし、第5項に定める当社の承認を得た場合を除きます。）ものとします。ただし、カードローンの融資額および利息は未払債務の合計額には含まれないものとします。

2. 分割払いおよびリボ払いの合計の利用可能枠（以下「分割払い・リボ払い利用可能枠」といいます。）は、前項のカード利用可能枠の範囲内で当社が審査のうえ決定する金額とします。会員は、本会員および家族会員による第27条に定める分割払いおよびリボ払いに係るショッピング利用代金の未払債務の合計額が、分割払い・リボ払い利用可能枠を超えない範囲で、ショッピング利用代金の支払方式を分割払いまたはリボ払いに指定することができます。

3. 当社は、第1項に定めるカード利用可能枠、第2項に定める分割払い・リボ払い利用可能枠とは別に、割賦販売法に定める「包括信用購入あっせん」に該当するカード取引（以下「割賦取引」といいます。）の利用可能枠（以下「割賦取引利用可能枠」といいます。）を定める場合があります。割賦取引利用可能枠は、当社が発行するすべてのクレジットカード（ただし、法人カード、協同カード標章を冠するクレジットカード、およびUFJカード標章を冠するクレジットカードのうちJCBブランドのクレジットカードを除きます。以下「全ブランドカード」といいます。）に共通で適用されるものとします。会員は、全ブランドカードによる、2回払い、ボーナス払い、分割払い（含むボーナス併用分割払い）、リボルビング払い（含むボーナス併用リボルビング払い）、当社所定のNICOSカード会員規約に定める据置1回払い、およびその他の割賦取引に

係る本会員および家族会員によるショッピング利用代金の未払債務の合計額が、割賦取引利用可能枠を超えるカード利用はできない（ただし、第5項に定める当社の承認を得た場合を除きます。）ものとします。

4. 当社は、必要と認めた場合、カード利用可能枠、分割払い・リボ払い利用可能枠および割賦取引利用可能枠をそれぞれ増額または減額できるものとします。

5. カード利用可能枠、分割払い・リボ払い利用可能枠または割賦取引利用可能枠を超えてカード利用をする場合は、あらかじめ当社の承認が必要になります。また、カード利用可能枠を超えてカード利用をした場合においても、本会員は支払いの責任を負うものとし、分割払い・リボ払い利用可能枠または割賦取引利用可能枠を超えてカード利用をした場合、この利用可能枠を超えた金額は、当社からの請求により、一括してただちにお支払いいただきます。

6. 当社は、入会後においても、貸金業法その他法令等の定めにより、収入を証明する書面、その他必要な資料の提出を求める場合があり、本会員はその求めに応じるものとします。なお、会員が当社の求めに応じないときは、当社は会員資格の取消、カードの全部もしくは一部の利用停止または利用可能枠の引下げ等の措置をとることができるものとします。

第7条（複数枚カード保有におけるカード利用可能枠）

1. 本会員は当社から当社所定の〇〇カード標章または〇〇カード標章を冠する複数枚のクレジットカード（家族カード、法人または個人事業主を会員とする法人カード、およびUFJカード標章を冠するクレジットカードのうちJCBブランドのクレジットカードを除きます。以下本条において「クレジットカード」という場合は同じ。）の貸与を受けた場合には、各クレジットカードのカード利用可能枠、キャッシングサービス利用可能枠およびカードローン利用可能枠はそれぞれ、保有するクレジットカードのうち最も高い利用可能枠の範囲内となります。また、すべてのクレジットカードの合計カード利用可能枠は、カード枚数にかかわらず、各クレジットカードごとに定められたカード利用可能枠の

うち最も高い額が適用されるものとします。ただし、各クレジットカードの分割払い・リボ払い利用可能枠は、適用される合計カード利用可能枠の範囲内で第6条第2項に定められた額を限度とします。

2. 会員がクレジットカードを複数枚保有する場合において、一部のクレジットカードに係る契約を解約した場合における未解約の各クレジットカードのキャッシングサービス利用可能枠およびカードローン利用可能枠は、当該解約を理由としては変更されないものとします。

第8条（手数料、利息等の計算方法等）

1. 本規約における手数料、利息、遅延損害金の計算方法については、別に定めがある場合を除き、年365日の日割計算とします。

2. 当社は、金融情勢の変化など相当の事由がある場合、手数料率、利率を一般に行われる程度のものに変更できるものとします。この場合、第24条にかかわらず、当社から手数料率、利率の変更を通知した後は、利用残高全額に対して変更後の手数料率、利率が適用されるものとします。ただし、分割払いに対する手数料率については、当該分割払いを指定した時点の手数料率が適用されます。

第9条（支払い等）

1. 毎月10日（金融機関休業日の場合は翌営業日）を指定日とし、本会員が支払いのために指定した本会員名義の金融機関の預金口座、貯金口座等（以下「お支払口座」といいます。）より支払うべき金額（以下「約定支払額」といいます。）を口座振替の方法により支払うものとします。また、支払方法について別に定めがある場合は、その方法に従い支払うものとします。なお、事務上の都合により当該指定日以降の指定日の支払いとなることがあります。 1の2. 前項に関わらず第6項にもとづき口座振替を停止した場合その他当社が特に必要と認め本会員に通知した場合、当社が送付する用紙により当社の指定する預金口座

への振込・コンビニエンスストアでの支払い等の方法により支払うものとします（所定の振込手数料・収納手数料が発生する場合があります。）。

2. 日本国外におけるカード利用代金は、外貨額を円貨に換算のうえ、日本国内におけるカード利用代金と同様の方法で支払うものとします。円貨への換算には、Visa Worldwide、MasterCard Worldwide または JCB で売上処理された時点の Visa Worldwide、MasterCard Worldwide または JCB が適用した交換レートに日本国外での利用にともなう諸事務処理など所定の費用相当分を加算したレートを適用するものとします。

3. 当社は、約定支払額、リボ払い利用残高、分割払い利用残高およびカードローンの融資残高等を毎月末日頃、ご利用明細書として、本会員の届出住所または勤務先住所への普通郵便による送付、その他当社所定の方法で通知します。なお、当社所定の手続きがとられた場合には、当社は、当該ご利用明細書に代えて、電子メールの送信その他の電磁的な方法により当該ご利用明細書の記載事項を提供することができるものとします。ただし、法令等により電磁的な方法によることが認められない場合はこの限りではありません。

4. 前項の通知を受けた後 10 日以内に本会員からの申出がない限り、当社はご利用明細書の内容について承認されたものとして、第 1 項の口座振替等を行います。なお、年会費のみの請求の場合、ご利用明細書の発行を省略することがあります。

5. お支払口座の残高不足等により指定日に約定支払額の口座振替ができない場合、当社が指定する金融機関については指定日以降においても、約定支払額の全部または一部につき口座振替ができるものとします。

6. 当社は、本会員が約定支払額の支払を遅滞した場合には、約定支払額の口座振替を停止する場合があります。

7. 当社は、会員が本規約にもとづきキャッシングサービスまたはカードローンを利用した場合、貸金業法第 17 条第 1 項にもとづき、ご利用の都度、利用内容を明らかにした書面（以下「ご融資明細書（貸金業法第 17 条書面）」といいます。）を第 3 項のご利用明細書とは別に本会員に交付します。

8. 本会員が承認した場合、当社は、「ご融資明細書（貸金業法第17条書面）」および「受取証書（貸金業法第18条書面）」を貸金業法第17条第6項、同法第18条第3項にもとづき、一定期間における貸付・返済その他の取引状況を記載した明細に代えることができるものとします。（注）

（注）第8項については、当社所定の方法にて本会員宛に通知、または、当社が相当と認める方法にて公表をした時から適用させていただきます。

第10条（支払金等の充当方法）

1. 口座振替または当社が送付する用紙による当社の指定する預金口座への振込もしくはコンビニエンスストアでの支払い以外の方法で本会員の当社に対する支払いが行われた場合には、当社は本会員への通知なくして、当社が当該支払いを当社所定の時期における返済とみなし、当社所定の順序および方法により、当社に対するいずれかの債務（本規約以外の契約にもとづく債務を含みます。）に充当し、または口座振込、郵便為替による返金等をすることができるものとします。

2. 前項の規定にかかわらず、本会員が事前に当社に連絡のうえ当社の承認を得て、支払範囲、支払方法および支払日を指定し、当該指定に従い当社が本会員に通知した金額を、本会員が指定した支払方法で本会員が指定した支払日に支払った場合には、当社は、本会員の支払った金額を当該指定に従い充当するものとします。ただし、支払範囲、支払方法および支払日は、当社所定の支払範囲、支払方法および支払日から指定するものとします。

3. 当社が送付する用紙による当社の指定する預金口座への振込およびコンビニエンスストアでの支払いの方法で本会員の当社に対する支払いが当該用紙に記載された支払期日の前に行われた場合において、超過支払金（当該支払いが行われた日を返済日として本会員が当社に支払った金額を当該用紙に記載された債務に充当した後に当該充当金額を超えて支払われた金額をいいます。以下本項において同じ。）が発生したときは、当社は本会員への通知なくして、当該超

過支払金を、翌月の約定支払日までの間に弁済期が到来した本会員が当社に対して支払うべき債務（本規約以外の契約にもとづく債務を含みます。）に当社所定の順序および方法により充当する方法、または翌月の約定支払日までに口座振込、郵便為替等により返金する方法により清算することができるものとし、本会員はこれをあらかじめ承諾するものとします。

4. リボ払いのショッピング利用に係る支払金の充当については、当社所定の順序と方法によるものとします。ただし、割賦販売法に定めるリボ払いの支払停止の抗弁に係る充当についてはこの限りではありません。

5. 当社は、本会員が本規約にもとづき既に支払った金額を本会員へ返金する必要が生じ、且つ当社が適当と認めた場合において、当該返金すべき金額を本規約にもとづく本会員の債務に、その債務の期限前であっても充当することができるものとします。ただし、本会員が振込による返金を選択する旨を申し出た場合は、当社はお支払口座（または本会員がお支払口座とは別に指定した本会員名義の金融機関の預金口座、貯金口座等）へ振込むことにより返金するものとします。

第 11 条（費用の負担）

1. カード利用または本規約にもとづく費用・手数料等に課税される消費税等の公租公課は本会員の負担とします。

2. カードの再発行は、当社が適当と認めた場合に行います。この場合、本会員は自己に貸与されたカードの再発行のほか、家族カードの再発行についても、当社所定の手数料を支払うものとします。

3. 振込手数料、収納手数料（コンビニエンスストアでの支払いの場合）その他の当社に対する債務の弁済に要する費用および当社からの返金に要する費用、印紙代、公正証書作成費用等、弁済契約締結に要する費用ならびに支払督促、訴訟、保全、執行等法的措置に要する申立および送達等の費用は、カードの有効

期限の経過、退会、会員資格取消等により会員資格を喪失した後といえどもすべて本会員の負担とします。

第12条（カードの利用・貸与の停止、会員資格取消、法的措置等）

1. 当社は、会員が次のいずれかに該当する場合、何らの通知、催告を要せずして、会員が当社から発行を受けたすべてのクレジットカード（以下「全カード」といいます。）について、カード利用の全部または一部の停止、会員資格の取消し、法的措置、その他必要な措置（以下「本件措置」といいます。）をとることができるものとします。

    1. 当社に届出るべき事項に関し届出を怠ったまたは虚偽の申告をした場合。または、当社から要請があったにもかかわらず年収の届出（収入証明書の提出を含みます。）を怠った場合。
    2. 本規約に違反し、もしくは違反するおそれがある場合。
    3. 全カードのいずれかの規約に違反し、もしくは違反するおそれがある場合。
    4. 本会員が、約定支払額の支払い等当社に対する一切の債務のいずれかの支払いを怠った場合。
    5. 差押・破産申立・取引停止処分があった場合その他本会員の信用状態が著しく悪化したと当社が判断した場合。
    6. いわゆるショッピング枠の現金化など換金を目的とした商品もしくは権利の購入または役務提供の受領その他の方法による資金の調達のためにするカードのショッピング機能の利用（以下「カード利用可能枠の現金化等」といいます。）など、正常なカードの利用でないと当社が判断した場合。
    7. 前号に定める場合のほか、利用金額、利用間隔、過去の利用内容等から、カードの利用状況が不適切または第三者の不正使用の可能性があると当社が判断した場合。

8. 暴力団、暴力団員、暴力団員でなくなった時から5年を経過しない者、暴力団準構成員、暴力団関係企業・団体、総会屋等、社会運動等標ぼうゴロ、特殊知能暴力集団等、その他これらに準ずるもの（以下これらを「暴力団員等」といいます。）、またはテロリスト等（疑いがある場合を含みます。）であることが判明した場合。または以下のA.、B.のいずれかに該当することが判明した場合。

A. 自己もしくは第三者の不正の利益を図る目的または第三者に損害を加える目的をもってするなど、不当に暴力団員等またはテロリスト等を利用していると認められる関係を有すること。

B. 暴力団員等またはテロリスト等に対して資金等を提供し、または便宜を供与するなどの関与をしていると認められる関係を有すること。

9. 自らまたは第三者を利用して、暴力的な要求行為をしたとき、法的な責任を超えた不当な要求をしたとき、当社との取引に関して脅迫的な言動をし、または暴力を用いたとき、もしくは、風説を流布し、偽計を用いまたは威力を用いて当社の信用を毀損し、または当社の業務を妨害したとき、その他これらに類するやむを得ない事由が生じた場合。

10. 「犯罪による収益の移転防止に関する法律」にもとづき本件措置をとる必要があると当社が判断した場合。

11. その他当社が必要と判断した場合。

2. 会員は、当社が本件措置をとったことにより、当社が直接または加盟店を通じて返却を求めた場合は、カードを当社に返却し、その他当社の指示に従うものとします。

3. 当社は、本件措置をとった場合、加盟店等に当該カードの無効を通知することができるものとします。

4. 当社が本会員に対し本件措置をとった場合には、家族会員も同様の措置を受けることとなります。

5. 会員は、当社が本件措置をとったことにより、会員に損害が生じた場合にも、当社に賠償の請求をしないものとします。また当社に損害が生じたときは、会員がその責任を負うものとします。

第13条（退会等）

1. 会員は当社所定の方法により退会することができます。この場合、会員は、当社の指示に従ってただちにカードを返却し、またはカードの磁気ストライプ部分に（ICカードの場合はICチップ部分も同様に）切り込みを入れて破棄するものとします。
2. 本会員は、カードの有効期限の経過、退会、会員資格取消等により会員資格を喪失した後においてもそのカードに関して生じた一切のカード利用代金等については、その支払いの責任を負うものとします。
3. 本会員が退会した場合には、家族会員も退会となります。
4. 家族会員は、前項のほか、本会員が当社所定の方法により家族カードの利用の中止を申出た場合、その申出時をもって当然に、家族会員の資格を喪失し、退会となります。

第14条（付帯サービス等）

1. 会員は、当社または当社が提携する第三者（以下「サービス提供会社」といいます。）が提供するサービスおよび特典（以下「付帯サービス」といいます。）を当社またはサービス提供会社所定の方法により利用することができます。会員が利用できる付帯サービスの内容、利用方法等については、当社が書面等の方法により通知または公表します。
2. 会員は、付帯サービスの利用等に関する規定等がある場合はそれに従うものとし、サービスを利用できない場合があることをあらかじめ承認するものとします。

3. 会員は、当社またはサービス提供会社が必要と認めた場合、当社またはサービス提供会社が付帯サービスおよびその内容を会員への予告または通知なしに変更もしくは中止する場合があることをあらかじめ承認するものとします。

4. 会員は、カードの有効期限の経過、退会、会員資格取消等により会員資格を喪失した場合等、当然に付帯サービスを利用することができなくなることをあらかじめ承認するものとします。

第 15 条（期限の利益喪失）

1. 本会員は、次のいずれかに該当したときは、キャッシングサービス、カードローンおよび下記（2）、（3）、（4）、（5）のショッピング利用の未払債務全額について、当然に期限の利益を失い、当該未払債務の全額をただちに支払うものとします。

    1. キャッシングサービスまたはカードローンの約定支払額の支払いを 1 回でも遅滞したとき（ただし、貸金業の規制等に関する法律等の一部を改正する法律（平成十八年法律第百十五号）第五条の規定による改正前の利息制限法（昭和二十九年法律第百号。以下「旧利息制限法」といいます。）第 1 条第 1 項に規定する利率を超えない範囲においてのみ効力を有するものとします。）。

    2. 1 回払いのショッピング利用代金の約定支払額の支払いを 1 回でも遅滞したとき。

    3. 2 回払い、ボーナス一括払い、リボ払いまたは分割払いであっても割賦販売法に定める指定権利以外の権利のショッピング利用代金の約定支払額の支払いを 1 回でも遅滞したとき。

    4. 会員が営業のためにもしくは営業として締結した売買契約、サービス提供契約（ただし、割賦販売法に定める業務提供誘引販売個人契約または連鎖販売個人契約（以下これらの契約を総称して「業務提供誘引販売個

人契約等」といいます。）に該当する場合を除きます。）に係るショッピング利用代金の約定支払額の支払いを1回でも遅滞したとき。

5. （4）のほか割賦販売法第35条の3の60第1項各号に定める場合に該当するショッピング利用代金の約定支払額の支払いを1回でも遅滞したとき。

2. 次のいずれかに該当したときは、本会員は、当然に期限の利益を失い、当社に対する一切の未払債務をただちに支払うものとします。

1. 本会員がショッピング利用代金の約定支払額（ただし、前項（2）、（3）、（4）、（5）に定める約定支払額を除きます。）の支払いを遅滞し、当社から20日以上の相当な期間を定めて書面で催告を受けたにもかかわらずその期限までにお支払いがなかったとき。

2. 本会員が自ら振出した手形、小切手が不渡りになったとき、または一般の支払いを停止したとき。

3. 本会員が差押、仮差押、保全差押、仮処分（ただし、信用に関しないものを除きます。）の申立または滞納処分を受けたとき。

4. 本会員に破産手続開始、民事再生手続開始の申立があったとき。

5. 会員がカードを他人に貸与、譲渡、質入れ、担保提供等し、または商品を質入れ、譲渡、賃貸等し、当社のカードの所有権または商品の所有権を侵害する行為をしたとき。

6. 本会員について債務整理のための和解、調停等の申立があったとき、または債務整理のため弁護士等に依頼した旨の通知が当社に到達したとき。

7. 本会員が当社に通知しないで住所を変更し、当社にとって所在が不明となったとき。

8. 当社からの書面による通知が申込書上の住所（住所変更届がなされた場合は当該変更後の住所）宛に発送されたにもかかわらず、転居先不明、宛所に見当たらず、受取拒否の理由で通知が到達しなかったときで当該通知発送の日より25日間経過したとき（ただし、通知が到達しなかった

ことにつき正当な理由があり、通知の名宛人がこれを証明したときを除きます。）。

3. 次のいずれかに該当したときは、本会員は、当社の請求により期限の利益を失い、当社に対する一切の未払債務をただちに支払うものとします。

　　1. 会員の入会申込に際して、虚偽の申告があったとき。

　　2. 本会員の経営する法人につき、破産手続開始、特別清算開始、会社更生手続開始、民事再生手続開始の申立または解散その他営業の廃止があったとき。

　　3. 本規約以外の当社に対する金銭の支払債務を怠るなど、本会員の信用状態が著しく悪化したとき。

　　4. その他会員が本規約の義務に違反し、その違反が本規約の重大な違反となるとき。

第16条（遅延損害金）

1. 本会員は、未払債務について期限の利益を喪失したときは、期限の利益喪失日の翌日から完済の日に至るまで、次の遅延損害金を支払うものとします。

　　1. キャッシングサービス、カードローンは未払債務の元金全額に対し年19.92％を乗じた額。

　　2. 分割払いのショッピング利用代金は分割支払金合計の残金全額に対し年5.97％を乗じた額。

　　3. 2回払い、ボーナス一括払いのショッピング利用代金は未払債務額に対し年5.97％を乗じた額。

　　4. その他のショッピング利用代金、年会費等は未払債務額（ただし、リボ払い手数料は除きます。）に対し年14.55％を乗じた額。

2. 本会員は、約定支払額の支払いを遅滞したときは、指定日の翌日から完済の日に至るまで、次の遅延損害金を支払うものとします。

1. キャッシングサービス、カードローンは支払元金に対し年 19.92%を乗じた額。
2. 分割払いのショッピング利用代金は当該分割支払金に対し年 14.55%を乗じた額。ただし、当該遅延損害金は分割支払金合計の残金全額に対し、年 5.97%を乗じた額を超えないものとします。
3. 2回払い、ボーナス一括払いのショッピング利用代金は未払債務額に対し年 5.97%を乗じた額。
4. その他のショッピング利用代金、年会費等は約定支払額（ただし、リボ払い手数料は除きます。）に対し年 14.55%を乗じた額。

第 17 条（カードの盗難、紛失時、偽造カードを使用された場合の責任の区分）

1. 会員がカードの盗難、紛失等で他人にカードを使用された場合、そのカードの利用代金は本会員の負担とします。
2. 前項において、会員が盗難、紛失等の事実をすみやかに当社に電話等により連絡のうえ、最寄りの警察に届け、かつ所定の喪失届を当社に提出した場合は、当社は本会員に対し、当社がその連絡を受付けた日の 60 日前以降のカードの利用代金に係る支払債務（以下「対象債務」といいます。）を免除します。
3. 前項にかかわらず次のいずれかに該当する場合、本会員の対象債務は免除されないものとします。
    1. 会員の故意または重大な過失に起因して損害が発生した場合。
    2. 会員の家族、同居人等、会員の関係者が盗難、紛失等に関与し、または不正使用した場合。
    3. 戦争、地震等著しい社会秩序の混乱の際に盗難、紛失等が生じた場合。
    4. 本規約に違反している状況において盗難、紛失等が生じた場合。
    5. 当社等が行う被害状況の調査に協力をしない場合。
    6. カード使用の際、登録された暗証番号が使用された場合（第 4 条第 2 項ただし書きの場合を除きます。）。

7. 盗難、紛失または被害状況の届出内容が虚偽である場合。

8. カードの署名欄に自己の署名がない状態で損害が発生した場合。

4. 偽造カードの使用に係るカードの利用代金は、本会員の負担とはなりません。ただし、偽造カードの作出または使用について、会員に故意または重大な過失がある場合、当該偽造カードの使用に係るカードの利用代金は、本会員の負担とします。

第 18 条（届出事項の変更）

1. 会員は、当社に届出た氏名、住所、電話番号（連絡先）、取引目的、職業、勤務先、お支払口座、暗証番号、家族会員等（以下「届出事項」といいます。）に変更が生じた場合は、当社所定の方法により遅滞なく当社に届出なければなりません。また、会員は、法令等の定めによるなど、当社が年収の申告（収入証明書の提出を含みます。）を求めた場合、当社所定の方法により遅滞なく当社に届出なければなりません。

2. 前項の届出がないために、当社からの通知または送付書類その他のものが延着し、または到着しなかった場合には通常到着すべきときに会員に到着したものとみなします。ただし、前項の届出を行わなかったことについて会員にやむを得ない事情があるときはこの限りでないものとします。

3. 当社から複数枚のカードの貸与を受けている場合において、会員が住所、電話番号（連絡先）、取引目的、職業、勤務先、年収等の変更を、いずれかのカードについて届出をしたとき、すべてのカードについての届出をしたこととみなす場合があります。

4. 第 1 項、第 3 項のほか、当社は適法かつ適正な方法により取得した個人情報その他の情報により届出事項に変更があると合理的に判断した場合、当該変更内容に係る届出があったものとして取扱うことがあります。なお、会員は当該取扱について異議なく承認するものとします。

第 19 条（会員種類の変更）

1. 本会員が申出、当社が承認した場合、会員種類の変更をすることができます。なお、本会員が新たに別の会員種類を指定して当社に入会を申込んだ場合、会員種類の変更の申出があったものとして取扱われることがあります。

2. 会員種類が変更になった場合、新たな会員種類に定められたカード利用可能枠、分割払い・リボ払い利用可能枠、キャッシングサービス利用可能枠、カードローン利用可能枠、利用範囲、利用方法、家族会員の有無、手数料率、利率等が適用され、また、家族会員等の契約、利用中の機能、サービス等については引き継がれないことがあります。

3. 本会員が申出、当社が承認した場合、第1条第2項に定める提携会社を変更することができます。この場合、本会員は当社所定の手数料を支払うものとします。なお、当該本会員に属する家族会員がいる場合には、本項の申出により、家族カードについても同様の変更の申出があったものとみなし、当社が承認した場合には、家族カードについても同様の変更が行われるものとします。

第20条（外国為替および外国貿易管理に関する諸法令の適用）

会員は、外国為替および外国貿易管理に関する法令等により一定の手続きが必要な場合、当社の要求に応じこの手続きを行うものとし、また日本国外でのカード利用の制限または停止に応じるものとします。

第21条（当社の債権譲渡等の同意）
本会員は、当社が必要と認めた場合、当社が本会員に対して有する債権を、取引金融機関（その関連会社を含みます。）・特定目的会社・債権回収会社等に譲渡すること、ならびに当社が譲渡した債権を譲受人から再び譲り受けること、およびこれらにともない、債権管理に必要な情報を取得・提供することにつき、あらかじめ同意するものとします。

第22条（合意管轄裁判所）

会員は、会員と当社の間で訴訟が生じた場合、訴額の如何にかかわらず、会員の住所地、購入地および当社の本社、各支店、営業所の所在地を管轄する簡易裁判所または地方裁判所を合意管轄裁判所とすることに同意するものとします。

第 23 条（準拠法）

会員と当社との諸契約に関する準拠法は、すべて日本法が適用されるものとします。

第 24 条（会員規約の変更、承認）

会員規約が変更され、当社から変更内容を通知または新会員規約を送付した後にカード利用をしたときは、当該変更事項または新会員規約を承認したものとみなします。

〔ショッピング条項〕

第 25 条（ショッピング利用方法）

1. 会員は、次の 1 から 5 に掲げる加盟店（以下「加盟店」といいます。）にカードを提示し所定の売上票にカード上の署名と同じ署名をすることにより、商品の購入、サービス等の提供を受けること（以下「ショッピング利用」といいます。）ができます。なお、当社が適当と認めた加盟店において、売上票への署名を省略し、または署名に代えて会員自身が暗証番号を端末機等へ入力することによりショッピング利用ができることがあります。また、利用方法について別に指定がある場合には、その手続きに従うものとします。IC カード（IC チップを搭載したカード）の場合には、当社が指定する加盟店において、売上票への署名に代えて、会員自身が暗証番号を端末機等へ入力するものとします。た

だし、端末機の故障等の場合または別途当社が適当と認める方法を定めている場合には、他の方法でカード利用をするものとします。

1. 当社と契約した加盟店（ただし、当社が JCB と提携し発行するカードは、当社が認めた加盟店に限ります。）。

2. 当社と提携したクレジットカード会社または金融機関と契約した加盟店（ただし、当社が JCB と提携し発行するカードは、当社が認めた加盟店に限ります。）。

3. 当社が Visa Worldwide と提携し発行するカードは、Visa Worldwide と提携したクレジットカード会社または金融機関と契約した加盟店。

4. 当社が MasterCard Worldwide と提携し発行するカードは、MasterCard Worldwide と提携したクレジットカード会社または金融機関と契約した加盟店。

5. 当社が JCB と提携し発行するカードは、JCB または JCB と提携したクレジットカード会社もしくは金融機関と契約した加盟店。

2. 通信販売等当社が特に認めた場合には、会員は当社が指定する方法によりカードの提示、売上票への署名等を省略することができます。

3. 会員は、当社が適当と認めた場合には、通信サービス料金やその他継続的に発生する各種利用代金（以下「継続利用代金」といいます。）の決済手段として、会員がカード情報を事前に加盟店に登録する方法によりショッピング利用をすることができます。この場合において、退会その他の事由による会員資格の喪失、カード番号の変更、その他当該登録内容に変更等があったときは、会員は、加盟店へ通知するものとし、当該通知を怠ったことによる不利益は会員が負担するものとします。また、当該加盟店の要請があったとき、その他継続利用代金に係るショッピング利用を継続する為に必要があると当社が判断したとき、カード情報の変更情報等を当社が会員に代わって加盟店に通知することを、会員はあらかじめ承認するものとします。

4. 当社または加盟店が特に定める利用金額、金券類等の一部の商品・権利・サービスについては、ショッピング利用が制限され、または利用ができない場合が

あります。また、カードの利用に際して、利用金額、商品・権利・サービスの種類によっては、当社の承認が必要となることがあります。この場合、加盟店が当社に対して照会するものとし、会員はこれをあらかじめ承認するものとします。

5. ショッピング利用のためにカード（カード情報を含みます。以下本項において同じ。）が加盟店に提示または通知された際、カードの第三者による不正使用を防止する目的のために、当社が当該加盟店より依頼を受けた場合、当社において会員の会員番号・氏名・自宅住所・電話番号その他当該ショッピング利用の申込者が加盟店に届出た情報と会員が当社に届出ている個人情報を照合し、一致の有無を当該加盟店に対して回答する場合があることを、会員はあらかじめ承認するものとします。

6. 当社は、第三者によるカードの不正使用を回避するため当社が必要と認めた場合、加盟店に対し会員のショッピング利用時に本人確認の調査を依頼することがあり、会員は調査に協力することをあらかじめ異議なく承諾するものとします。

7. 家族会員が家族カード等を利用して加盟店で商品の購入、サービス等の提供を受けた場合、家族会員は本会員の代理人として当該加盟店との間でそれらに係る契約を行ったものとみなし、当該契約にもとづく債務は本会員が負担するものとします。

8. 会員は、カード利用可能枠の現金化等をしてはならないものとします。

第26条（債権譲渡または立替払いの承認）

1. 当社または当社の提携会社と加盟店間の契約が債権譲渡契約の場合、本会員は、ショッピング利用の結果生じた加盟店の本会員に対する債権を、当該加盟店が直接、あるいは提携クレジットカード会社、Visa Worldwide、MasterCard Worl

dwide または JCB と提携した銀行・クレジットカード会社を経由して、当社に譲渡することにつき、あらかじめ異議なく承諾するものとします。

2. 当社または当社の提携会社と加盟店間の契約が立替払い契約の場合、本会員は、ショッピング利用の結果生じた加盟店の本会員に対する債権について、当該加盟店に対し直接立替払いをすること、あるいは立替払いをした結果発生した債権を提携クレジットカード会社、Visa Worldwide、MasterCard Worldwide または JCB と提携した銀行・クレジットカード会社を経由して、当社に譲渡することにつき、あらかじめ異議なく承諾するものとします。

第27条（支払方式）

1. （1）日本国内におけるショッピング利用代金の支払方式は、1回払い、ボーナス一括払い、2回払い、分割払い（3回以上の均等払いをいい、ボーナス併用分割払いを含みます。）、第5項に定めるリボ払いとし、ショッピング利用の際に会員が指定するものとします。ただし、会員が支払方式を指定しなかった場合は1回払いとなります。また、加盟店および商品またはサービスにより利用できない支払方式があります。また、分割払いおよびリボ払いについては、当社が適当と認めた会員が利用できるものとします。

（2）本会員は、（1）の各支払方式によるショッピング利用代金を以下のとおり支払うものとします。

A. 1回払いを指定した場合、毎月15日（以下「締切日」といいます。）までの当該ショッピング利用代金を翌月の指定日。

B. ボーナス一括払いを指定した場合、12月16日から6月15日までの当該ショッピング利用代金を当年8月の指定日、7月16日から11月15日までの当該ショッピング利用代金を翌年1月の指定日（ただし、加盟店によりボーナス一括払いの取扱期間が異なることがあります。）。

C. 2回払いを指定した場合、締切日までの当該ショッピング利用代金の半額（1円単位とし、端数が生じた場合は初回の指定日に算入します。）を、翌月および翌々月の指定日。

D. 分割払いを指定した場合、締切日までの当該ショッピング利用について、第4項で定める分割支払金を翌月の指定日から支払回数回にわたって最終指定日まで。

E. リボ払いを指定した場合、締切日までの当該ショッピング利用について、第5項に定める方法。

(3)（1）にかかわらず、当社が適当と認めた場合は、本会員は当社が認めた日以降のショッピング利用代金（当社が指定するものを除きます。）すべてをリボ払いとすることができます。ただし、会員がショッピング利用の際に1回払いを除く支払方式を指定した場合、指定した支払方式となります。

2. (1)日本国外におけるショッピング利用代金の支払方式は原則1回払いとします。

(2)（1）にかかわらず、本会員は、ショッピング利用の前に当社所定の方法により申出、当社が適当と認めた場合は、ショッピング利用代金（当社が指定するものを除きます。）すべてをリボ払いとすることができます。

3. 分割払いおよびリボ払い以外の支払方式を指定した会員のうち、当社が適当と認めた本会員が、当社が別に定める日までに当社へ支払方式の変更を申出、当社が認めた場合、ショッピング利用代金を分割払いまたはリボ払いに変更できます。この場合、手数料計算・弁済金の決定等については、ショッピング利用の際に分割払いまたはリボ払いの指定があったものとして取扱います。

4. 会員が第1項1において分割払いを指定した場合および本会員が第3項において分割払いの申出をした場合の取扱は別表1のとおりとします。

5. 会員が第 1 項 1 においてリボ払いを指定した場合および本会員が第 1 項 3、第 2 項 2、第 3 項においてリボ払いの申出をした場合の取扱は次のとおりとします。

   1. A. リボ払いの支払方式が元金定額リボルビング払いの場合、毎月の弁済金の額は、締切日におけるリボ払い利用残高を基準として、当社所定の方法により本会員が指定した支払コースにより決定されるお支払元金額（当該指定がない場合には当社が決定し本会員に通知した支払コースにより決定される元金額）および本号 B. の方法により決定される手数料額の合計額とします。なお、本会員より申出があり、当社が認めた場合、当社所定の方法で支払コース変更ができるものとします。

   B. 本号 A. の場合、リボ払いの手数料は、締切日の翌日から翌月の締切日までの付利単位 100 円で計算した日々のリボ払い利用残高（リボ払い未決済残高の累計）に対し、別表 2 記載の手数料率を乗じ、年 365 日で日割計算した金額とし、翌々月の指定日に支払うものとします。なお、ショッピング利用日から最初に到来する締切日までは手数料はかかりません。

   2. A. リボ払いの支払方式が元利定額リボルビング払いの場合、毎月の弁済金の額は、締切日におけるリボ払い利用残高を基準として、当社所定の方法により本会員が指定した支払コースにより決定される金額とします（当該指定がない場合には当社が決定し本会員に通知した支払コースにより決定される金額とします。）。なお、本会員より申出があり、当社が認めた場合、当社所定の方法で支払コース変更ができるものとします。

   B. 本号 A. の場合、リボ払いの手数料は、締切日の翌日から翌月の締切日までの付利単位 100 円で計算した日々のリボ払い利用残高（リボ払い未決済残高の累計）に対し、別表 2 記載の手数料率を乗じ、年 365 日で日割計算した金額とし、前記に定める弁済金に含め、翌々月の指定日に支

払うものとします。なお、ショッピング利用日から最初に到来する締切日までは手数料はかかりません。

3. 当社所定の方法により本会員から申出（以下「ボーナス加算返済の申出」といいます。）があり、当社が認めた場合、本会員は、リボ払い利用残高および（1）、（2）の手数料の返済として、ボーナス加算返済の申出の際に指定した「ボーナス月」の指定日に「ボーナス加算金額」を月々の弁済金に加算して支払うものとします。なお、本会員が指定できる「ボーナス月」は以下のA.からD.までのいずれかとします。また、「ボーナス加算金額」とは本会員がボーナス加算返済の申出の際に1万円以上1万円単位で指定した金額をいいます。

　　A.1月および8月　　　　B.1月および7月

　　C.8月および12月　　　D.7月および12月

4. 本会員の申出があり、当社が認めた場合、本会員は、当社所定の方法でリボ払い利用のお支払元金額を増額することができます。

第28条（ショッピング利用代金の繰上返済等）

1. ショッピング利用代金の繰上返済（本規約にもとづく債務の全部または一部の返済を本規約に定める約定支払日の前に繰り上げて行うことをいいます。）は、本会員が当社に対して事前に連絡のうえ当社の承認を得て行うものとします。なお、当社の承認にあたり、当社が求めた場合には、本会員は、書面の提出等当社所定の手続きをとるものとします。

2. 本会員は、前項に定める事前の連絡の際に、繰上返済をする範囲、返済方法および支払日を指定するものとし、当社は、当該指定に従い当該支払日時点において支払うべき金額をお知らせします。本会員が指定することができる繰上返済の範囲および返済方法は下表のとおりです。

支払方式	返済範囲	返 済 方 法
分割払い	全額のみ	口座振込、当社指定の窓口への持参
リボ払い	全額・一部	口座振込、当社指定の窓口への持参

3. 当社に対する支払いが次のいずれかに該当するときは、本会員への通知なくして、当社が当該支払いを当社所定の期日における返済とみなし、当社所定の順序および方法により、当社に対するいずれかの債務（本規約以外の契約にもとづく債務を含みます。）に充当し、または口座振込、郵便為替による返金等をすることができるものとします。

    1. 当社に対する事前の連絡または当社の承認なく行われたとき。
    2. 当社に対する事前の連絡および当社の承認があった場合であっても、事前の連絡の際に指定した支払日と異なる日に行われたとき。
    3. 当社に対する事前の連絡および当社の承認があった場合であっても、事前の連絡の際に指定した返済方法と異なる方法により行われたとき。
    4. 当社に対する事前の連絡および当社の承認があった場合であっても、事前の連絡の際に本会員の指定に従い当社がお知らせした金額と異なる金額の支払いが行われたとき。

4. 第1項から第3項までの規定にかかわらず、本会員は、当社が指定する日本国内のATMを利用して、ショッピング利用に係るリボ払い残高の一部を繰上返済することができるものとします。ただし、当社または当該金融機関の定める単位金額の返済に限定される場合があります。

5. 本会員が当初の契約のとおりにカード利用による支払金等の支払いを履行している場合におけるショッピング利用の分割支払金の繰上返済金額（全額の繰上返済に限ります。）は、下記算式により算出した金額とします。

●未払分割支払金合計－期限未到来の分割払手数料
ただし、期限未到来の分割払手数料は、78分法またはこれに準ずる当社所定の計算方法により算出された金額とします。なお、繰上返済日以降最初に到来す

る約定支払日の分割支払金に係る分割払手数料は、期限未到来の分割払手数料には含まれないものとします。

第 29 条（商品の所有権）

商品の所有権は、ショッピング利用により生じた加盟店の本会員に対する債権を当社が加盟店等から譲渡されたとき、または、当社が加盟店等に対し立替払いをしたときに、加盟店から当社に移転し、当社に対するショッピング利用代金の完済まで当社に留保されることを会員は承諾するものとします。

第 30 条（見本・カタログ等と現物の相違）

会員が加盟店に対して見本・カタログ等により申込みをした場合において、引渡された商品または提供された役務（サービスを含みます。以下同じ。）が見本・カタログ等と相違している場合は、会員は加盟店に商品の交換もしくは役務の再提供を申出るか、または当該売買契約もしくは役務提供契約の解除をすることができます。

第 31 条（支払停止の抗弁）

1. 会員は、加盟店から購入した商品、権利または提供を受けた役務に関する紛議について、当該加盟店との間で解決するものとします。
2. 前項にかかわらず、本会員は、2 回払い、ボーナス一括払い、分割払いまたはリボ払いの場合で次のいずれかの事由が存するときは、その事由が解消されるまでの間、当該事由の存する商品、役務、権利について、支払いを停止することができるものとします。
    1. 商品の引き渡し、役務の提供（権利の行使による役務の提供を含みます。以下同じ。）または権利の移転がなされないこと。
    2. 商品の破損、汚損、故障、その他欠陥があること。

    3. その他商品の販売や役務の提供について、加盟店に対して生じている事由があること。

3. 当社は、本会員が前項の支払いの停止を行う旨を当社に申出たときは、ただちに所定の手続きをとるものとします。

4. 本会員は、第3項の申出をするときは、すみやかに第2項の事由を記載した書面（資料がある場合には資料添付のこと）を当社に提出するよう努めるものとします。また、当社が第2項の事由について調査する必要があるときは、会員はその調査に協力するものとします。

5. 第2項にかかわらず、次のいずれかに該当するときは、支払いを停止することはできないものとします。

    1. 会員が営業のためにもしくは営業として締結した売買契約、サービス提供契約（ただし、業務提供誘引販売個人契約等に該当する場合を除きます。）に係るショッピング利用代金であるとき。

    2. 前号のほか割賦販売法第35条の3の60第1項各号に定める場合に該当するショッピング利用代金であるとき。

    3. 2回払い、ボーナス一括払い、分割払いを指定した1回のカード利用に係る支払総額が4万円に満たないとき。

    4. リボ払いを指定した1回の現金価格が3万8千円に満たないとき。

    5. 割賦販売法に定める指定権利以外の権利に係るショッピング利用代金であるとき。

    6. その他本会員による支払いの停止が信義に反すると認められるとき。

6. 本会員は、当社がショッピング利用代金の残高から第2項による支払いの停止額に相当する額を控除して請求したときは、控除後のショッピング利用代金および手数料の支払いを継続するものとします。

7. 本条に定める支払停止の抗弁は、支払済の支払金の返還請求を認めるものではありません。

≪資料２≫現行割賦販売法のクレジットカード取引関連の主な条文

（定義）

第二条

3　この法律において「包括信用購入あっせん」とは、次に掲げるものをいう。

一　それを提示し若しくは通知して、又はそれと引換えに、特定の販売業者から商品若しくは権利を購入し、又は特定の役務提供事業者から有償で役務の提供を受けることができるカードその他の物又は番号、記号その他の符号（以下この項及び次項、第三十条から第三十条の二の三まで、第三十四条並びに第三十五条の十六において「カード等」という。）をこれにより商品若しくは権利を購入しようとする者又は役務の提供を受けようとする者（以下この項、第三十条から第三十条の二の三まで、第三十条の五の二、第三十条の五の三、第三十条の六において準用する第四条の二、第三十三条の二（第三十三条の三第二項において準用する場合を含む。）、第三十四条の二、第三十五条の三の四十三、第三十五条の三の四十六、第三十五条の三の五十七、第三十五条の三の五十九、第三十五条の十六、第四十一条及び第四十一条の二において「利用者」という。）に交付し又は付与し、当該利用者がそのカード等を提示し若しくは通知して、又はそれと引換えに特定の販売業者から商品若しくは権利を購入し、又は特定の役務提供事業者から役務の提供を受けるときは、当該販売業者又は当該役務提供事業者に当該商品若しくは当該権利の代金又は当該役務の対価に相当する額の交付（当該販売業者又は当該役務提供事業者以外の者を通じた当該販売業者又は当該役務提供事業者への交付を含む。）をするとともに、当該利用者から当該代金又は当該対価に相当する額をあらかじめ定められた時期までに受領すること（当該利用者が当該販売業者から商品若しくは権利を購入する契約を締結し、又は当該役務提供事業者から役務の提供を受ける契約を締結した時から二月を超えない範囲内においてあらかじめ定められた時期までに受領することを除く。）。

二　カード等を利用者に交付し又は付与し、当該利用者がそのカード等を提示

し若しくは通知して、又はそれと引換えに特定の販売業者から商品若しくは権利を購入し、又は特定の役務提供事業者から役務の提供を受けるときは、当該販売業者又は当該役務提供事業者に当該商品若しくは当該権利の代金又は当該役務の対価に相当する額の交付（当該販売業者又は当該役務提供事業者以外の者を通じた当該販売業者又は当該役務提供事業者への交付を含む。）をするとともに、当該利用者からあらかじめ定められた時期ごとに当該商品若しくは当該権利の代金又は当該役務の対価の合計額を基礎としてあらかじめ定められた方法により算定して得た金額を受領すること。

　　　　　　　（中略）

（包括信用購入あっせんの取引条件の表示）

第三十条　　包括信用購入あっせんを業とする者（以下「包括信用購入あっせん業者」という。）は、第二条第三項第一号に規定する包括信用購入あっせんをするためカード等を利用者に交付し又は付与するときは、経済産業省令・内閣府令で定めるところにより、当該包括信用購入あっせんをする場合における取引条件に関する次の事項を記載した書面を当該利用者に交付しなければならない。

一　　包括信用購入あっせんに係る商品若しくは権利の代金又は役務の対価（包括信用購入あっせんの手数料を含む。）の支払の期間及び回数

二　　経済産業省令・内閣府令で定める方法により算定した包括信用購入あっせんの手数料の料率

三　　前二号に掲げるもののほか、経済産業省令・内閣府令で定める事項

２　　包括信用購入あっせん業者は、第二条第三項第二号に規定する包括信用購入あっせんをするためカード等を利用者に交付し又は付与するときは、経済産業省令・内閣府令で定めるところにより、当該包括信用購入あっせんをする場合における取引条件に関する次の事項を記載した書面を当該利用者に交付しなければならない。

一　　利用者が弁済をすべき時期及び当該時期ごとの弁済金の額の算定方法

二　　経済産業省令・内閣府令で定める方法により算定した包括信用購入あっせんの手数料の料率

三　前二号に掲げるもののほか、経済産業省令・内閣府令で定める事項

3　包括信用購入あっせん業者は、包括信用購入あっせんをする場合の取引条件について広告をするときは、経済産業省令・内閣府令で定めるところにより、当該広告に、それぞれ第一項各号又は前項各号の事項を表示しなければならない。

（包括支払可能見込額の調査）

第三十条の二　包括信用購入あっせん業者は、包括信用購入あっせんをするためカード等を利用者（個人である利用者に限る。以下この条、次条及び第三節において同じ。）に交付し若しくは付与しようとする場合又は利用者に交付し若しくは付与したカード等についてそれに係る極度額（包括信用購入あっせんに係る購入又は受領の方法により商品若しくは権利を購入し、又は役務を受領することができる額の上限であって、あらかじめ定められたものをいう。以下同じ。）を増額しようとする場合には、その交付若しくは付与又はその増額に先立つて、経済産業省令・内閣府令で定めるところにより、年収、預貯金、信用購入あっせん（包括信用購入あっせん及び個別信用購入あっせんをいう。以下同じ。）に係る債務の支払の状況、借入れの状況その他の当該利用者の包括支払可能見込額を算定するために必要な事項として経済産業省令・内閣府令で定めるものを調査しなければならない。ただし、当該利用者の保護に支障を生ずることがない場合として経済産業省令・内閣府令で定める場合は、この限りでない。

2　この節において「包括支払可能見込額」とは、主として自己の居住の用に供する住宅その他の経済産業省令・内閣府令で定める資産を譲渡し、又は担保に供することなく、かつ、生活維持費（最低限度の生活を維持するために必要な一年分の費用として経済産業省令・内閣府令で定める額をいう。第三十五条の三の三において同じ。）に充てるべき金銭を使用することなく、利用者が包括信用購入あっせんに係る購入又は受領の方法により購入しようとする商品若しくは指定権利の代金又は受領しようとする役務の対価に相当する額の支払に充てることができると見込まれる一年間当たりの額をいう。

　３　　包括信用購入あっせん業者は、第一項本文の規定による調査を行うときは、第三十五条の三の三十六第一項の規定による指定を受けた者（以下「指定信用情報機関」という。）が保有する特定信用情報（利用者又は購入者（個人である購入者に限る。以下この項、第三十五条の三の三、第三十五条の三の四及び第三節において同じ。）若しくは役務の提供を受ける者（個人である役務の提供を受ける者に限る。以下この項、第三十五条の三の三、第三十五条の三の四及び第三節において同じ。）の包括支払可能見込額又は第三十五条の三の三第二項に規定する個別支払可能見込額に関する情報（当該利用者又は購入者若しくは役務の提供を受ける者を識別することができる情報を含む。）のうち、信用購入あっせんに係る債務の支払の状況その他経済産業省令・内閣府令で定めるものをいう。同条、第三節及び第五十条において同じ。）を使用しなければならない。

　４　　包括信用購入あっせん業者は、包括信用購入あっせんをするためカード等を利用者に交付し若しくは付与した場合又は利用者に交付し若しくは付与したカード等についてそれに係る極度額を増額した場合には、経済産業省令・内閣府令で定めるところにより、第一項本文の規定による調査に関する記録を作成し、これを保存しなければならない。

（包括支払可能見込額を超える場合のカード等の交付等の禁止）
第三十条の二の二　　包括信用購入あっせん業者は、包括信用購入あっせんをするためカード等を利用者に交付し若しくは付与しようとする場合又は利用者に交付し若しくは付与したカード等についてそれに係る極度額を増額しようとする場合において、当該利用者に交付し若しくは付与しようとするカード等に係る極度額又は当該増額された後の極度額が、前条第一項本文の規定による調査により得られた事項を基礎として算定した包括支払可能見込額に包括信用購入あっせんに係る購入又は受領の方法により購入される商品若しくは指定権利の代金又は受領される役務の対価に相当する額の受領に係る平均的な期間を勘案して経済産業大臣及び内閣総理大臣が定める割合を乗じて得た額を超えるときは、当該カード等を交付し若しくは付与し、又は極度額を増額してはならない。

ただし、当該利用者の保護に支障を生ずることがない場合として経済産業省令・内閣府令で定める場合は、この限りでない。

（書面の交付）

第三十条の二の三　包括信用購入あっせん業者は、包括信用購入あっせんに係る購入又は受領の方法により購入される商品若しくは指定権利の代金又は受領される役務の対価に相当する額の受領に係る契約（以下「包括信用購入あっせん関係受領契約」という。）であって第二条第三項第一号に規定する包括信用購入あっせんに係るものを締結したときは、遅滞なく、経済産業省令・内閣府令で定めるところにより、当該契約に関する次の事項を記載した書面を購入者又は役務の提供を受ける者に交付しなければならない。

一　購入者又は役務の提供を受ける者の支払総額（当該商品若しくは当該権利の現金販売価格又は当該役務の現金提供価格及び包括信用購入あっせんの手数料の合計額をいう。第三十条の三及び第三十条の四において同じ。）

二　包括信用購入あっせんに係る各回ごとの商品若しくは権利の代金又は役務の対価（包括信用購入あっせんの手数料を含む。）の支払分の額並びにその支払の時期及び方法

三　前二号に掲げるもののほか、経済産業省令・内閣府令で定める事項

2　包括信用購入あっせん業者は、包括信用購入あっせん関係受領契約であって第二条第三項第二号に規定する包括信用購入あっせんに係るものを締結したときは、遅滞なく、経済産業省令・内閣府令で定めるところにより、当該契約に関する次の事項を記載した書面を購入者又は役務の提供を受ける者に交付しなければならない。

一　当該商品若しくは当該権利の現金販売価格又は当該役務の現金提供価格

二　弁済金の支払の方法

三　前二号に掲げるもののほか、経済産業省令・内閣府令で定める事項

3　包括信用購入あっせん業者は、商品、指定権利又は役務に係る第二条第三項第二号に規定する包括信用購入あっせんに係る弁済金の支払を請求するとき

は、あらかじめ、経済産業省令・内閣府令で定めるところにより、次の事項を記載した書面を購入者又は役務の提供を受ける者に交付しなければならない。

一　弁済金を支払うべき時期

二　前号の時期に支払われるべき弁済金の額及びその算定根拠

４　包括信用購入あっせん業者と包括信用購入あっせんに係る契約を締結した販売業者（特定の包括信用購入あっせん業者のために、利用者がカード等を提示し若しくは通知して、又はそれと引換えに販売業者から商品若しくは権利を購入し、又は役務提供事業者から役務の提供を受けるときは、自己の名をもつて当該販売業者又は当該役務提供事業者に包括信用購入あっせんに係る購入又は受領の方法により購入された商品若しくは権利の代金又は受領される役務の対価に相当する額の交付（当該販売業者又は当該役務提供事業者以外の者を通じた当該販売業者又は当該役務提供事業者への交付を含む。）をすること（以下「包括信用購入あっせん関係立替払取次ぎ」という。）を業とする者（以下「包括信用購入あっせん関係立替払取次業者」という。）と包括信用購入あっせん関係立替払取次ぎに係る契約を締結した販売業者を含む。以下「包括信用購入あっせん関係販売業者」という。）又は役務提供事業者（包括信用購入あっせん関係立替払取次業者と包括信用購入あっせん関係立替払取次ぎに係る契約を締結した役務提供事業者を含む。以下「包括信用購入あっせん関係役務提供事業者」という。）は、包括信用購入あっせんに係る販売の方法により商品若しくは指定権利を販売する契約又は包括信用購入あっせんに係る提供の方法により役務を提供する契約を締結したときは、遅滞なく、経済産業省令・内閣府令で定めるところにより、当該契約に関する次の事項を記載した書面を購入者又は役務の提供を受ける者に交付しなければならない。

一　商品若しくは権利の現金販売価格又は役務の現金提供価格

二　商品の引渡時期若しくは権利の移転時期又は役務の提供時期

三　契約の解除に関する事項

四　前三号に掲げるもののほか、経済産業省令・内閣府令で定める事項

（契約の解除等の制限）

第三十条の二の四　　包括信用購入あっせん業者は、包括信用購入あっせん関係受領契約であって次の各号に掲げる包括信用購入あっせんに係るものについて当該各号に定める支払分又は弁済金の支払の義務が履行されない場合において、二十日以上の相当な期間を定めてその支払を書面で催告し、その期間内にその義務が履行されないときでなければ、支払分又は弁済金の支払の遅滞を理由として、契約を解除し、又は支払時期の到来していない支払分若しくは弁済金の支払を請求することができない。

一　　第二条第三項第一号に規定する包括信用購入あっせん　　前条第一項第二号の支払分

二　　第二条第三項第二号に規定する包括信用購入あっせん　　前条第三項第二号の弁済金

2　　前項の規定に反する特約は、無効とする。

（契約の解除等に伴う損害賠償等の額の制限）

第三十条の三　　包括信用購入あっせん業者は、包括信用購入あっせん関係受領契約であって第二条第三項第一号に規定する包括信用購入あっせんに係るものが解除された場合には、損害賠償額の予定又は違約金の定めがあるときにおいても、当該契約に係る支払総額に相当する額にこれに対する法定利率による遅延損害金の額を加算した金額を超える額の金銭の支払を購入者又は役務の提供を受ける者に対して請求することができない。

2　　包括信用購入あっせん業者は、前項の契約について第三十条の二の三第一項第二号の支払分の支払の義務が履行されない場合（契約が解除された場合を除く。）には、損害賠償額の予定又は違約金の定めがあるときにおいても、当該契約に係る支払総額に相当する額から既に支払われた同号の支払分の額を控除した額にこれに対する法定利率による遅延損害金の額を加算した金額を超える額の金銭の支払を購入者又は役務の提供を受ける者に対して請求することができない。

（包括信用購入あっせん業者に対する抗弁）

第三十条の四　購入者又は役務の提供を受ける者は、第二条第三項第一号に規定する包括信用購入あっせんに係る購入又は受領の方法により購入した商品若しくは指定権利又は受領する役務に係る第三十条の二の三第一項第二号の支払分の支払の請求を受けたときは、当該商品若しくは当該指定権利の販売につきそれを販売した包括信用購入あっせん関係販売業者又は当該役務の提供につきそれを提供する包括信用購入あっせん関係役務提供事業者に対して生じている事由をもつて、当該支払の請求をする包括信用購入あっせん業者に対抗することができる。

2　前項の規定に反する特約であつて購入者又は役務の提供を受ける者に不利なものは、無効とする。

3　第一項の規定による対抗をする購入者又は役務の提供を受ける者は、その対抗を受けた包括信用購入あっせん業者からその対抗に係る同項の事由の内容を記載した書面の提出を求められたときは、その書面を提出するよう努めなければならない。

4　前三項の規定は、第一項の支払分の支払であつて政令で定める金額に満たない支払総額に係るものについては、適用しない。

第三十条の五　第二条第三項第二号に規定する包括信用購入あっせんに係る弁済金の支払については、当該弁済金の支払が、その支払の時期ごとに、次の各号に規定するところにより当該各号に掲げる当該包括信用購入あっせんに係る債務に充当されたものとみなして、前条の規定を準用する。この場合において、同条第一項中「第三十条の二の三第一項第二号の支払分」とあるのは「第三十条の二の三第三項第二号の弁済金」と、同条第四項中「支払分」とあるのは「弁済金」と、「支払総額」とあるのは「第三十条の二の三第二項第一号の現金販売価格又は現金提供価格」と読み替えるものとする。

一　遅延損害金があるときは、それを優先し、次に、当該包括信用購入あっせんの手数料、これら以外の債務の順で、それぞれに充当する。

二　前号の遅延損害金については、その発生が早いものから順次に充当する。

三　第一号の手数料については、その支払うべき時期が早いものから順次に充当する。

四　遅延損害金及び包括信用購入あっせんの手数料以外の債務については、その包括信用購入あっせんの手数料の料率が高いものから順次に充当し、その充当の順位が等しいものについては、その債務が発生した時期が早いものから順次に充当する。

2　前項に定めるもののほか、第二条第三項第二号に規定する包括信用購入あっせんに係る弁済金の支払に関し前条の規定を準用するために弁済金の充当について必要な事項は、政令で定める。

（業務の運営に関する措置）

第三十条の五の二　包括信用購入あっせん業者は、利用者又は購入者若しくは役務の提供を受ける者の利益の保護を図るため、経済産業省令・内閣府令で定めるところにより、その包括信用購入あっせんの業務に関して取得した利用者又は購入者若しくは役務の提供を受ける者に関する情報の適正な取扱い、その包括信用購入あっせんの業務を第三者に委託する場合における当該業務の適確な遂行及びその利用者又は購入者若しくは役務の提供を受ける者からの苦情の適切かつ迅速な処理のために必要な措置を講じなければならない。

　　　　（中略）

（包括信用購入あっせん業者の登録）

第三十一条　包括信用購入あっせんは、経済産業省に備える包括信用購入あっせん業者登録簿に登録を受けた法人（以下「登録包括信用購入あっせん業者」という。）でなければ、業として営んではならない。ただし、第三十五条の三の六十第一項第四号の団体については、この限りでない。

　　　　（中略）

（クレジットカード番号等の適切な管理）

第三十五条の十六　包括信用購入あっせん業者又は二月払購入あっせんを業

とする者（以下「クレジットカード等購入あっせん業者」という。）は、経済産業省令で定める基準に従い、その取り扱うクレジットカード番号等（クレジットカード等購入あっせん業者が、その業務上利用者に付与する第二条第三項第一号の番号、記号その他の符号をいう。以下同じ。）の漏えい、滅失又はき損の防止その他のクレジットカード番号等の適切な管理のために必要な措置を講じなければならない。

2　　この章において「二月払購入あっせん」とは、カード等を利用者に交付し又は付与し、当該利用者がそのカード等を提示し若しくは通知して、又はそれと引換えに特定の販売業者から商品若しくは権利を購入し、又は特定の役務提供事業者から役務の提供を受けるときは、当該販売業者又は当該役務提供事業者に当該商品若しくは当該権利の代金又は当該役務の対価に相当する額の交付（当該販売業者又は当該役務提供事業者以外の者を通じた当該販売業者又は当該役務提供事業者への交付を含む。）をするとともに、当該利用者から当該代金又は当該対価に相当する額を、当該利用者が当該販売業者から商品若しくは権利を購入する契約を締結し、又は当該役務提供事業者から役務の提供を受ける契約を締結した時から二月を超えない範囲内においてあらかじめ定められた時期までに受領することをいう。

3　　特定のクレジットカード等購入あっせん業者のために、利用者がカード等を提示し若しくは通知して、又はそれと引換えに特定の販売業者から商品若しくは権利を購入し、又は特定の役務提供事業者から役務の提供を受けるときは、自己の名をもって当該販売業者又は当該役務提供事業者に包括信用購入あっせん又は二月払購入あっせんに係る購入の方法により購入された商品若しくは権利の代金又は受領される役務の対価に相当する額の交付（当該販売業者又は当該役務提供事業者以外の者を通じた当該販売業者又は当該役務提供事業者への交付を含む。）をすること（以下「立替払取次ぎ」という。）を業とする者（以下「立替払取次業者」という。）は、経済産業省令で定める基準に従い、その取り扱うクレジットカード番号等の漏えい、滅失又はき損の防止その他のクレジットカード番号等の適切な管理のために必要な措置を講じなければならない。

4 クレジットカード等購入あっせん業者又は立替払取次業者は、クレジットカード番号等保有業者（次の各号のいずれかに該当する者をいう。以下同じ。）の取り扱うクレジットカード番号等の適切な管理が図られるよう、経済産業省令で定める基準に従い、クレジットカード番号等保有業者に対する必要な指導その他の措置を講じなければならない。

一 クレジットカード等購入あっせん業者と包括信用購入あっせん又は二月払購入あっせんに係る契約を締結した販売業者又は役務提供事業者

二 立替払取次業者と立替払取次ぎに係る契約を締結した販売業者又は役務提供事業者

三 クレジットカード等購入あっせん業者若しくは立替払取次業者若しくは前二号に掲げる販売業者若しくは役務提供事業者からクレジットカード番号等の取扱いの全部若しくは一部の委託を受けた第三者又は当該第三者から委託（二以上の段階にわたる委託を含む。）を受けた者

（改善命令）

第三十五条の十七 経済産業大臣は、クレジットカード等購入あっせん業者又は立替払取次業者が講ずる前条第一項、第三項又は第四項に規定する措置がそれぞれ同条第一項、第三項又は第四項に規定する基準に適合していないと認めるときは、その必要の限度において、当該クレジットカード等購入あっせん業者又は当該立替払取次業者に対し、当該措置に係る業務の方法の変更その他必要な措置をとるべきことを命ずることができる。

　　　　　　　（中略）

第四十九条の二 クレジットカード等購入あっせん業者、立替払取次業者若しくはクレジットカード番号等保有業者又はこれらの役員若しくは職員若しくはこれらの職にあつた者が、その業務に関して知り得たクレジットカード番号等を自己若しくは第三者の不正な利益を図る目的で、提供し、又は盗用したときは、三年以下の懲役又は五十万円以下の罰金に処する。

2 人を欺いてクレジットカード番号等を提供させた者も、前項と同様とする。

クレジットカード番号等を次の各号のいずれかに掲げる方法で取得した者も、同様とする。

一　クレジットカード番号等が記載され、又は記録された人の管理に係る書面又は記録媒体の記載又は記録について、その承諾を得ずにその複製を作成すること。

二　不正アクセス行為（不正アクセス行為の禁止等に関する法律（平成十一年法律第百二十八号）第二条第四項に規定する不正アクセス行為をいう。）を行うこと。

3　正当な理由がないのに、有償で、クレジットカード番号等を提供し、又はその提供を受けた者も、第一項と同様とする。正当な理由がないのに、有償で提供する目的で、クレジットカード番号等を保管した者も、同様とする。

4　前三項の規定は、刑法その他の罰則の適用を妨げない

≪資料3≫2016年改正割賦販売法の法律案要綱

第一　信用購入あっせん

〔一包括信用購入あっせん〕

1　包括信用購入あっせん関係販売業者等が包括信用購入あっせんに係る販売の方法により商品若しくは権利を販売する等の契約を締結した際の書面交付義務を情報提供義務に代え、購入者等から求められたときは書面交付しなければならないものとすること。

（第三十条の二の三関係）

2　包括信用購入あっせん業者による営業保証金の供託及びその関連規定を廃止するものとすること。

（第三十四条の二、第三十五条の二及び第三十五条の三関係）

　　　（中略）

第二　クレジットカード番号等の適切な管理等

一　クレジットカード番号等の適切な管理

　クレジットカード等購入あっせん関係販売業者等は、経済産業省令で定める基準に従い、その取り扱うクレジットカード番号等の漏えい、滅失又は毀損の防止その他のクレジットカード番号等の適切な管理のために必要な措置等を講じなければならないものとすること。

（第三十五条の十六関係）

二　クレジットカード番号等取扱契約

1　クレジットカード番号等取扱契約の締結は、登録を受けた法人でなければ、業として行ってはならないものとすること。

（第三十五条の十七の二から第三十五条の十七の十四まで関係）

2　クレジットカード番号等取扱契約締結事業者は、クレジットカード番号等取扱契約の締結をしようとする場合又は締結した場合には、販売業者等に関し、クレジットカード番号等の適切な管理又は利用者によるクレジットカード番号等の不正な利用の防止に支障を及ぼすおそれの有無に関する事項であって

経済産業省令で定める事項について調査し、必要な措置を講じなければなら
ないものとすること。

（第三十五条の十七の八関係）

3　クレジットカード番号等取扱契約締結事業者は、そのクレジットカード番号
　等取扱契約に係る業務に関して取得したクレジットカード番号等に関する情
　報の適切な管理のために必要な措置を講じなければならないものとすること。

（第三十五条の十七の九関係）

4　クレジットカード等購入あっせん関係販売業者等は、経済産業省令で定める
　基準に従い、利用者によるクレジットカード番号等の不正な利用を防止する
　ために必要な措置を講じなければならないものとすること。

（第三十五条の十七の十五関係）

第三　認定割賦販売協会

一　認定割賦販売協会の認定及び業務

1　認定割賦販売協会の業務に、クレジットカード番号等の適切な管理及び不正
　な利用の防止に資する業務を追加するものとすること。

（第三十五条の十八関係）

2　会員であるクレジットカード番号等取扱契約締結事業者は、クレジットカー
　ド番号等の適切な管理及び不正な利用の防止のために必要なクレジットカー
　ド等購入あっせん関係販売業者等に係る情報として経済産業省令で定めるも
　のを取得したときは、認定割賦販売協会に報告しなければならないものとす
　ること。

（第三十五条の二十関係）

第四　罰則

クレジットカード番号等取扱契約締結事業者の無登録営業等について罰則を定
めることその他の所要の規定を整備すること。

（第四十九条から第五十五条まで関係）

第五　その他所要の規定を整備すること。

第六　附則

一　この法律は、公布の日から起算して一年六月を超えない範囲内において政
　　　　　　　　令で定める日から施行するものとすること。

　　　　　　　　　　　　　　　　　　　　　　　　　　（附則第一条関係）

二　この法律の施行に伴う所要の経過措置等について規定すること。

　　　　　　　　　　　　　　　　　（附則第二条から附則第十三条関係）

≪資料４≫2016 年改正割賦販売法の主な条文と附帯決議

（書面の交付等）

第三十条の二の三　（略）

２・３　（略）

４　包括信用購入あっせん業者と包括信用購入あっせんに係る契約を締結した売業者（特定の包括信用購入あっせん業者のために、利用者がカード等を提示し若しく

は通知して、又はそれと引換えに販売業者から商品若しくは権利を購入し、又は役務提供事業者から役務の提供を受けるときは、自己の名をもつて当該販売業者又は当該役務提供事業者に包括信用購入あっせんに係る購入又は受領の方法により購入された商品若しくは権利の代金又は受領される役務の対価に相当する額の交付（当該販売業者又は当該役務提供事業者以外の者を通じた当該販売業者又は当該役務提供事業者への交付を含む。）をすること（以下「包括信用購入あっせん関係立替払取次ぎ」という。）を業とする者（以下「包括信用購入あっせん関係立替払取次業者」という。）と包括信用購入あっせん関係立替払取次ぎに係る契約を締結した販売業者を含む。以下「包括信用購入あっせん関係販売業者」という。）又は役務提供事業者（包括信用購入あっせん関係立替払取次業者と包括信用購入あっせん関係立替払取次ぎに係る契約を締結した役務提供事業者を含む。以下「包括信用購入あっせん関係役務提供事業者」という。）は、包括信用購入あっせんに係る販売の方法により商品若しくは指定権利を販売する契約又は包括信用購入あっせんに係る提供の方法により役務を提供する契約を締結したときは、遅滞なく、経済産業省令・内閣府令で定めるところにより、当該契約に関する次の事項に係る情報を購入者又は役務の提供を受ける者に提供しなければならない。

　　一　（略）

　　二　契約の締結時において商品の引渡し若しくは権利の移転又は役務の提供をしないときは、当該商品の引渡時期若しくは当該権利の移転時期又は当該役務の提供時期

　　三　契約の解除に関する定めがあるときは、その内容

　　四　（略）

５　包括信用購入あっせん関係販売業者又は包括信用購入あっせん関係役務提

供事業者は、前項に規定する契約の締結時において購入者又は役務の提供を受ける者から同項各号の事項を記載した書面の交付を求められたときは、遅滞なく、経済産業省令・内閣府令で定めるところにより、当該書面を交付しなければならない。

（クレジットカード番号等の適切な管理）
第三十五条の十六　クレジットカード番号等取扱業者（次の各号のいずれかに該当する者をいう。以下同じ。）は、経済産業省令で定める基準に従い、その取り扱うクレジットカード番号等（包括信用購入あっせん業者又は二月払購入あっせんを業とする者（以下「クレジットカード等購入あっせん業者」という。）が、その業務上利用者に付与する第二条第三項第一号の番号、記号その他の符号をいう。以下同じ。）の漏えい、滅失又は毀損の防止その他のクレジットカード番号等の適切な管理のために必要な措置を講じなければならない。
　一　クレジットカード等購入あっせん業者
　二　特定のクレジットカード等購入あっせん業者のために、利用者がカード等を提示し若しくは通知して、又はそれと引換えに特定の販売業者から商品若しくは権利を購入し、又は特定の役務提供事業者から役務の提供を受けるときは、自己の名をもって当該販売業者又は当該役務提供事業者に包括信用購入あっせん又は二月払購入あっせん（次号及び第三十五条の十七の二において「クレジットカード等購入あっせん」という。）に係る購入の方法により購入された商品若しくは権利の代金又は受領される役務の対価に相当する額の交付（当該販売業者又は当該役務提供事業者以外の者を通じた当該販売業者又は当該役務提供事業者への交付を含む。）をすることを業とする者（次条及び第三十五条の十八第一項において「立替払取次業者」という。）
　三　クレジットカード等購入あっせんに係る販売の方法により商品若しくは権利を販売する販売業者（以下「クレジットカード等購入あっせん関係販売業者」という。）又はクレジットカード等購入あっせんに係る提供の方法により役務を提供する役務提供事業者（以下「クレジットカード等購入あっせん関係役務提供事業者」という。）
2　前項の「二月払購入あっせん」とは、カード等を利用者に交付し又は付与し、当該利用者がそのカード等を提示し若しくは通知して、又はそれと引換えに特定の販売業者から商品若しくは権利を購入し、又は特定の役務提供事業者から

役務の提供を受けるときは、当該販売業者又は当該役務提供事業者に当該商品若しくは当該権利の代金又は当該役務の対価に相当する額の交付（当該販売業者又は当該役務提供事業者以外の者を通じた当該販売業者又は当該役務提供事業者への交付を含む。）をするとともに、当該利用者から当該代金又は当該対価に相当する額を、当該利用者が当該販売業者から商品若しくは権利を購入する契約を締結し、又は当該役務提供事業者から役務の提供を受ける契約を締結した時から二月を超えない範囲内においてあらかじめ定められた時期までに受領することをいう。

3　クレジットカード番号等取扱業者は、クレジットカード番号等取扱受託業者（当該クレジットカード番号等取扱業者からクレジットカード番号等の取扱いの全部若しくは一部の委託を受けた第三者又は当該第三者から委託（二以上の段階にわたる委託を含む。）を受けた者をいう。以下同じ。）の取り扱うクレジットカード番号等の適切な管理が図られるよう、経済産業省令で定める基準に従い、クレジットカード番号等取扱受託業者に対する必要な指導その他の措置を講じなければならない。

（クレジットカード番号等の不正な利用の防止）
第三十五条の十七の十五　クレジットカード等購入あっせん関係販売業者又はクレジットカード等購入あっせん関係役務提供事業者は、経済産業省令で定める基準に従い、利用者によるクレジットカード番号等の不正な利用を防止するために必要な措置を講じなければならない。

第二節クレジットカード番号等取扱契約

（クレジットカード番号等取扱契約締結事業者の登録）
第三十五条の十七の二　次の各号のいずれかに該当する者は、経済産業省に備えるクレジットカード番号等取扱契約締結事業者登録簿に登録を受けなければならない。
　一　クレジットカード等購入あっせんに係る販売又は提供の方法により商品若しくは権利を販売し、又は役務を提供しようとする販売業者又は役務提供事業者に対して、自ら利用者に付与するクレジットカード番号等を取り扱うことを認める契約を当該販売業者又は当該役務提供事業者との間で締結することを

業とするクレジットカード等購入あっせん業者

　二　特定のクレジットカード等購入あっせん業者のために、クレジットカード等購入あっせんに係る販売又は提供の方法により商品若しくは権利を販売し、又は役務を提供しようとする販売業者又は役務提供事業者に対して、当該クレジットカード等購入あっせん業者が利用者に付与するクレジットカード番号等を取り扱うことを認める契約を当該販売業者又は当該役務提供事業者との間で締結することを業とする者

（登録の申請）

第三十五条の十七の三　前条の登録を受けようとする者は、次の事項を記載した申請書を経済産業大臣に提出しなければならない。

　一　名称

　二　本店その他の営業所（外国法人にあっては、本店及び国内における主たる営業所その他の営業所）の名称及び所在地

　三　役員の氏名

２　前項の申請書には、定款、登記事項証明書その他経済産業省令で定める書類を添付しなければならない。ただし、経済産業省令で定める場合は、登記事項証明書の添付を省略することができる。

３　前項の場合において、定款が電磁的記録で作られているときは、書面に代えて電磁的記録（経済産業省令で定めるものに限る。）を添付することができる。

（登録及びその通知）

第三十五条の十七の四　経済産業大臣は、前条第一項の規定による登録の申請があつたときは、次条第一項の規定により登録を拒否する場合を除くほか、前条第一項各号に掲げる事項及び登録年月日をクレジットカード番号等取扱契約締結事業者登録簿に登録しなければならない。

２　経済産業大臣は、第三十五条の十七の二の登録をしたときは、遅滞なく、その旨を申請者に通知しなければならない。

〔附帯決議〕

＜衆議院＞

一．　イシュアーからアクワイアラーへの消費者からの苦情情報の迅速な伝達等（政府が業界の実効的な取組促進と実施状況を検証し、必要に応じてマンスリークリア取引についてイシュアーの苦情伝達等の義務のあり方等を検討すること）

二．　カード情報漏えい事故、不正利用被害防止の実効性確保の観点からアクワイアラーによる加盟店調査の促進、消費者がカード情報管理が整備された加盟店を選択できる環境の整備（加盟店のセキュリティ対策の進捗状況の見える化、消費者に対する情報セキュリティの重要性の啓発）

三．　不正利用被害防止等のためのカード決済の利用明細チェックの重要性に関する消費者への啓発

四．　消費生活センターの研修の充実

五．　政府による高齢者のクレジットカードの発行・更新時の適切な審査への指導

六．　決済代行業者の登録が必要となる範囲の運用の明確化、消費者保護のため海外業者の不正行為等に関する厳格な運用の実施

＜参議院＞

一．　イシュアーからアクワイアラーへの消費者からの苦情情報の迅速な伝達等（事業者の実効的な取組推進、必要に応じてマンスリークリア取引についてイシュアーの苦情伝達・処理の義務付けの検討）

二．　カード情報漏えい事故、不正利用被害防止のためのアクワイアラーによる加盟店調査の状況把握と実効性の確保、消費者が安全な加盟店を選択できる環境の整備（加盟店のセキュリティ対策の進捗状況の見える化）

三．　カード決済の利用明細のチェック、セキュリティの重要性、被害拡大防止・回復知識に関する消費者への啓発・周知、消費生活センターの研修の充実

四．　決済代行業者の登録が必要となる範囲の運用の明確化、海外事業の不適正取引等に関する消費者の保護

五．　クレジット決済端末の 100％IC 対応化を早期に達成するための必要な支援の実施

≪資料5≫主な参考文献

（論文や個別の論考については、文中参照のこと）

〔雑誌〕（専門誌）

・月刊『消費者信用』金融財政事情研究会

・『CardWave』カード・ウェーブ

・『CCR』(consumer credit review、旧名『クレジット研究』)

日本クレジッ協会クレジット研究所

〔書籍〕

・加藤良三『クレジットカード法の研究』（千倉書房・1989 年）

・竹内昭夫『消費者信用法の理論』（有斐閣・1995 年）

・経済産業省商務情報政策局取引信用課編『割賦販売法の解説平成 20 年版』

（日本クレジット産業協会・2009 年）

・中崎隆『詳説　改正割賦販売法』（金融財政事情研究会・2010 年）

・梶村太市、石田賢一編『割賦販売法』（青林書院・2004 年）

・村千鶴子『誌上法学講座－割賦販売法を学ぶ－』（国民生活センター2012 年）

・木村晋介、本田純一、千葉肇『新消費者取引判例ガイド』（有斐閣・2000 年）

・日本クレジット産業協会設立 25 周年記念『わが国クレジットの半世紀』

（社団法人日本クレジット産業協会・1992 年）

・山本正行『カード決済業務のすべて』（金融財政事情研究会・2015 年）

・末藤高義『あなたの知らない！クレジットカード社会の真実』

（民事法研究会・2015 年）

・末藤高義『インターネット＆クレジットカードの犯罪・トラブル対処法』

（民事法研究会・2009 年）

・末藤高義『ある日銀マンの昭和史』（民事法研究会・2013 年）

・末藤高義『クレジットカード用語辞典』〔第 4 版〕

（民事法研究会・2017 年）

・本田元『カードビジネスの実務』（中央経済社・2016 年）

・塘　信昌『クレジットカード事業の歴史から検証するコア業務とリスクマネ
　イジメント』（カード・ウェーブ・2015 年）

・エリザベス・メイズ編、スコアリング研究会訳『クレジット・スコアリング』
　　　　　　　　　　　　　　　　　　（シグマ米スキャピタル・2001 年 7 月）

・ジョセフ・ノセラ著、野村総合研究所訳『アメリカ金融革命の群像』
　　　　　　　　　　　　　　　　　　　　　　（野村総合研究所・1997 年）

・国民生活センター
　『クレジットカードー銀行系，信販系，流通系のショッピング機能を中心に』
　（1997 年）

・国民生活センター『選ぶ、使う「国際クレジットカード」』（1999 年）

・国民生活センター
　『消費生活相談処理ガイド　クレジットカードの知識＆実践例』（1994 年）
　ほか

〈著者紹介〉

角田真理子（つのだ　まりこ）

明治学院大学法学部准教授
群馬県生まれ。青山学院大学法学部卒業後、国民生活センター入所。
15年にわたり、消費生活相談業務に携わる。その他、企画調整、調査
業務等担当。相談部調査役、消費者契約法相談分析・支援室長、消費
者苦情処理専門委員会事務室長等を経て、2004年より現職。

国民生活審議会委員、消費経済審議会割賦販売部会委員、横浜市消費
生活審議会会長等を歴任。現在、川崎市消費者行政推進委員会委員長、
神奈川県消費生活審議会委員等。

〔主な著作〕
『基本講義消費者法〔第2版〕』（共著、日本評論社、2013年）
『消費者契約紛争ハンドブック〔第3版〕』（共著、弘文堂、2015年）
『実践　消費者相談』（共著　日本評論社、2009年）
『資格商法・悪質商法の法律相談』（共著、青林書院、2006年）
『差止請求権の基本構造』（共著、商事法務研究会、2001年）

クレジットカードと消費者トラブルの法的分析

2017（平成29）年3月25日　第1版第1刷発行
7089：P192 ¥2300E-012：010-002

著　者　　角田真理子
発行者　　今井 貴・稲葉文子
発行所　　株式会社　信山社
　　　　　　　　　編集第2部
〒113-0033　東京都文京区本郷 6-2-9-102
Tel 03-3818-1019　Fax 03-3818-0344
info@shinzansha.co.jp
笠間才木支店　〒309-1611　茨城県笠間市笠間 515-3
Tel 0296-71-9081　Fax 0296-71-9082
笠間来栖支店　〒309-1625　茨城県笠間市来栖 2345-1
Tel 0296-71-0215　Fax 0296-72-5410
出版契約 No.2017-7089-1-01011　Printed in Japan

信山社